서유기, 모험의 시작

서유기, 모험의 시작
자유와 인간의 도리를 찾아서

제1판 제1쇄 2024년 3월 18일

지은이 이경덕
펴낸이 이광호
주간 이근혜
편집 홍근철 김현주 최대연
마케팅 이가은 최지애 허황 남미리 맹정현
제작 강병석
펴낸곳 ㈜문학과지성사
등록번호 제1993-000098호
주소 04034 서울 마포구 잔다리로7길 18(서교동 377-20)
전화 02)338-7224
팩스 02)323-4180(편집) 02)338-7221(영업)
대표메일 moonji@moonji.com
저작권 문의 copyright@moonji.com
홈페이지 www.moonji.com

ISBN 978-89-320-4260-2 03150

서유기, 모험의 시작

모험의 시작

자유와 인간의 도리를
찾아서

이경덕 지음

문학과지성사

일러두기

이 책에서 인용된 『서유기』는 문학과지성사의 〈대산세계문학총서〉『서유기』(전10권, 2003)를 저본으로 삼았다.

프롤로그

　훗날 삼장법사라 불리게 될 현장의 마음속에는 오랫동안 응어리진 답답함, 다다랄 수 없는 것에 대한 깊은 그리움이 함께 자리하고 있었다. 답답함과 그리움이라는 큰 가지는 하나의 뿌리에서 나왔다. 그 뿌리는 현장의 어린 시절부터 자라난 것이었다.

　현장은 학자 집안의 넷째 아들로 태어났다. 그는 먼저 승려가 된 둘째 형의 손에 이끌려 어릴 때부터 절을 오가며 그곳에서 공부했다. 총명했던 현장은 열세 살 무렵 불교의 창시자 석가모니가 세상을 떠날 때의 모습을 담고 있는 『열반경』과 대승불교의 원리를 담은 『섭대승론』을 배우기 시작했다. 열세 살짜리 꼬마가 죽음과 구원의 본질에 대해 생각하고 고민한 것이다.

한편 어린 현장이 죽음과 구원에 대해 고민하는 사이, 세상은 크게 변하고 있었다. 현장이 열여섯 살이 되던 해인 618년, 중국을 지배하던 수나라가 두 차례에 걸친 고구려와의 전쟁에서 패해 멸망하자 뒤이어 당나라가 새롭게 세워진 참이었다.

현장은 세상의 변화와 혼란에 아랑곳하지 않고 스무 살이 되던 해에 구족계를 받아 정식 승려가 되었다. 현장의 관심은 온통 불교의 가르침을 향했다. 총명했던 현장이지만, 불교의 교리를 향해 한 걸음씩 다가설 때마다 의문이 많아지고 고민이 깊어졌다. 공부하면 할수록 모르는 것이 늘어갔다.

현장의 마음속 깊은 답답함은 여기서 유래했다. 불교가 중국에 전해진 지 꽤 오랜 세월이 지났으나, 불교의 가르침을 제대로 이해하는 데 필요한 책이 부족했다. 현장은 자연스럽게 불교의 발상지인 인도가 있는 서쪽을 바라보며, 멀리 있는 연인을 향하듯 그리움을 키웠다.

『대당서역기』에 따르면, 당시 중국에서 인도는 신독身毒, 현두賢豆, 인도印度 등 여러 이름으로 불렸다. 이 가운데 오늘날에도 쓰이는 '인도'는 달이라는 의미를 지녔다. 현장은 서쪽 밤하늘에 떠오른 달을 보며 인도를 그리워하지 않았을까.

그러던 어느 날, 현장은 오래 묵은 답답함과 그리움을 덜어내고 껴안기 위해서 인도로 직접 갈 수밖에 없다고 생각했다. 가슴 깊은 곳에 있는 답답함과 그리움을 해소하는 유일한 방법은 직접 인도의 땅을 발로 디디는 것임을 깨달은 것이다. 현장은 인도로 함께 떠날 동지를 모았다. 몇몇이 함께하기로 했다. 그날부터 현장은 인도에서 읽고 싶던 책을 마음껏 읽고 훌륭한 고승에게 가르침을 받는 벅찬 꿈을 꾸기 시작했다. 곧 마음이라는 너른 밭에 심은 희망의 씨앗이 푸른 싹을 틔우고, 무성한 잎을 지닌 거대한 나무로 자랄 듯 보였다.

그러나 현장의 아름답고 황홀한 꿈은 그리 오래가지 못했다. 현장 일행의 꿈을 좌절시킨 것은 국제 정세였다. 당시 당나라는 북쪽의 동돌궐과 전쟁 중이었다. 그 때문에 국경이 폐쇄되어, 연인과도 같은 인도를 만나러 가겠다는 현장의 꿈도 막히고 말았다.

현장과 함께 인도로 떠나기로 했던 일행들은 국법을 어

길 수 없다며 인도행을 포기했다. 현장은 황홀한 꿈이 신기루처럼 눈앞에서 사라지는 것을 바라보며 억울하고 절망스러웠다.

　꿈을 포기할 수 없었던 현장은 깊이 생각하고 또 고민했다. 그러다 마침내 결단을 내렸다. 주변 사람들은 목숨을 잃을 수도 있는 위험한 길이라며 만류했으나, 마음을 정한 현장은 흔들리지 않았다. 그리고 인도를 향해 떠났다. 현장의 나이 스물일곱 되던 해였다.

　가르침과 경전을 찾으러 인도로 가는 길은 조심스럽고 험난했다. 나라의 법을 어기고 군대의 눈을 피해 몰래 국경을 넘었다. 전쟁 속에서 곳곳에 도사린 위험도 피해야 했다. 그는 곧장 인도로 향할 수 없었다.

　현장의 길은 공부를 위한 유학이라기보다는 목숨을 건 모험에 가까웠다. 실제로 그는 도중에 크고 작은 나라를 지나다 목숨을 잃을 위기에 처하기도 했다(훗날 중국으로 돌아온 현장이 쓴 인도 기행서『대당서역기』에 따르면, 그는 110개국을 지나갔다고 한다). 인도로 가는 여정은 무척이나 고단하고 위험했다.

삼장법사 현장이 인도로 향했듯, 삶에서 소중한 무언가를 얻으려면 고단하고 위험한 길을 걸어야 한다는 삶의 깊은 통찰을 전제로 태어난 것이 이 책에서 다루는『서유기』이다.

『서유기』는 앞서 본 현장의 모험을 모티프 삼아 탄생했다. 동아시아의 문화를 관통하는 이 거대한 이야기는 현장의 열정과 간절한 경험이 담긴 발자국에서 시작했다.『서유기』에서 삼장법사 현장과 손오공 일행이 서쪽으로 가는 이유도 취경取經, 즉 경전을 가져오기 위해서이다. 현장이 험난한 길을 걸어 인도로 갔듯,『서유기』속 현장과 손오공 일행은 그들의 앞을 차례로 가로막는 수많은 요마妖魔와 맞서 싸우며 앞으로 나아간다.

『서유기』는 과거 현장이 걸었던 길을 충실하게 재연하면서도, 겉보기엔 완전히 다른 모습으로 새롭게 치장했다. 주인공도 현장에서 원숭이인 손오공으로 바뀌었다. 요마라는 괴이한 존재들이나, 하늘, 저승, 용궁, 요마들이 사는 동굴(던전) 같은 다양한 이세계異世界처럼, 오늘날 유행하는 동아시아 판타지물의 거의 모든 요소가 이미『서유기』에 들어 있다. 오랜 삶의 역사를 배경으로 동아시아 사람들이 꿈꾸고 상상한 세계와 사상이 고스란히 담긴 것이다. 이는 모든 것을 품은 넓고 깊은 상상의 바다를 연상하게 한다. 한편 『서유기』는 동아시아 상상력에 기반한 환상 이야기의 정체는 무엇인지를 안내하는 길잡이 역할도 한다.

　이 책은 크게 『서유기』의 줄거리와 등장인물을 소개하며 『서유기』의 안을 들여다보는 부분(2~4장), 그리고 역사적 사실 등 『서유기』의 형성 과정을 둘러싼 바깥을 둘러보는 부분(1, 5~6장)으로 나눌 수 있다. 줄거리는 다시 세 부분, 즉 먼저 손오공과 저팔계, 사오정, 용마가 살아온 이력과 이들이 모험에 합류하게 된 사정, 현장이 경전을 찾아 서쪽으로 떠나게 된 사연, 그리고 끝없이 나타나는 요마와 싸우는 에피소드로 나뉜다.
　한편 『서유기』의 바깥을 둘러보면서는 『서유기』가 만들어지는 과정을 짚어보고, 당시 사회상과 상징 등을 통해 『서유기』의 문화적 가치를 살펴본다. 이를 위해 두 대상을 짝지어 『서유기』의 본질에 다가서는 방법을 취하기도 한다. 예를 들어 『대당서역기』와 『서유기』도 좋은 짝이 된다. 손오공의 머리에 씌워진 긴고아, 손에 쥔 여의봉도 『서유기』를 이해하는 좋은 짝이다. 둘이 각기 구속과 자유를 상징한다면, 손오공에게서 우리의 삶을 쥐락펴락하는 자유와 구속을 보며 그에게 공감의 시선을 던질 수도 있다.

『서유기』와의 개인적인 인연은 꽤 오래되었다. 가장 깊이, 가까이에서 『서유기』와 만난 건 대학원에서 공부하던 때로, 동아시아의 상상 세계를 다루는 수업에서 『서유기』를 선택한 것이 계기였다. 거기서 『서유기』의 속살을 마주해 그 깊은 매력에 빠져들었다. 이 책은 그때 생각하고 감탄한 것을 토대로, 이후 새롭게 느낀 것을 더해 엮은 것이다.

먼 과거에 현장은 가르침을 얻기 위해 인도를 향해 떠났다. 그로부터 오랜 세월이 지나 손오공 일행은 깨달음을 안겨줄 경전을 찾아 서쪽으로 향했다. 그로부터 다시 오랜 세월이 지났다. 앞서간 이들이 그랬듯, 이제 우리가 삶의 보물을 찾아 모험에 나설 차례이다.

차례

1장　　세상에 나오다

唐僧

로마는 하루아침에 세워지지 않았고,『서유기』도 하루아침에 만들어진 것이 아니다. 우리의 삶도 하룻밤 만에 끝나는 꿈이 아니다.『서유기』는 무려 천 년에 가까운 세월 동안 세상과 사람들이 이리저리 만지고 다듬어 내놓은 동아시아 최고의 이야기 가운데 하나이다.

『서유기』의 첫 모습은 당나라의 뛰어난 승려 현장이 인도에서 경전을 가져오는 동안 지나온 사람들의 생활과 풍속을 기록한『대당서역기』였다. 7세기에 출간된『대당서역기』에는 현장이 직접 찾은 110개국과 전해 들은 28개국이 더해져 138개국의 풍습이 담겼다. 수많은 나라를 여행하며 그곳의 사람들을 만나고 기록하는 일은 오늘날에도 무척 매혹적이다.『대당서역기』도 이처럼 매혹적인 형태를 갖추고 있었다. 하지만 그 내용은 생김새와 사뭇 달랐다.

이 매혹적인 이야기를 살리기 위해, 사람들은 끊임없이 여행한다는 구조를 그대로 유지하되 내용을 바꾸기 시작했다.『대당서역기』에서『서유기』로 탈바꿈하는 이 과정의 핵심은 주인공의 교체였다.『서유기』에는『대당서역기』에서 볼 수 없었던 현장의 제자, 즉 손오공을 비롯해 저팔계, 사오정, 용마가 모험의 주역으로 등장한다.

이렇듯 주인공이 승려에서 상상 속 인물로 바뀌자 이야기의 물줄기는 크게 방향을 틀었다. 이 과정에서 『대당서역기』의 주인공이자 홀로 국경을 넘어 인도로 향했던 강인한 현장은 겁 많고 유약한 성격으로 변했다. 반면 손오공은 주인공이 되어 여의봉을 휘두르며 구름을 타고 하늘을 날아다녔다. 그리고 이들의 이야기는 사람들의 마음을 온통 사로잡았다. 이 장에서는 이렇게 『대당서역기』에서 『서유기』에 이르는 오랜 여정을 따라가볼 것이다.

1
『서유기』의 탄생

현장의 마지막 꿈

『서유기』의 어머니는 『대당서역기』이다. 『대당서역기』는 승려인 현장이 썼지만, 불교와는 관련 없는 여행서이다. 현장은 몰래 국경을 넘어 인도로 가는 도중에 지나친 지역의 정보를 담아 이 책을 썼다. 『대당서역기』가 쓰인 것은 당 태종의 요청 때문이었다. 그 사정은 이렇다.

목숨을 건 모험 끝에 인도에 도착한 현장은 오랫동안 꿈꾼 대로 마음껏 책을 읽고, 훌륭한 고승을 만나서 그동안의 의문을 모두 풀었다. 그러고도 현장은 오랫동안 인도에 머물렀다. 그곳에서 틈나는 대로 중국에 전해지지 않은 불경을 모으며 인도 곳곳의 불교 성지들을 찾아다녔다.

　현장이 중국으로 돌아온 것은 645년이었다. 그가 인도로 떠난 지 무려 17년 후였다. 현장은 20대 후반에 인도로 떠나 30대를 온통 인도에서 지내다, 40대가 되어서야 돌아왔다.

　중국의 상황은 현장이 떠날 때와 사뭇 달라져 있었다. 동돌궐과의 긴장은 오래전에 끝났다. 당나라를 위협하던 티베트와도 평화협정을 맺은 뒤였다. 그 평화의 징표로서 당나라 문성공주가 티베트로 시집을 갔다. 문성공주의 결혼은 티베트에 차茶와 불교가 전해진 것으로 유명한 사건이었다. 이때 티베트의 토착 종교인 뵌교가 당나라에서 전해진 불교와 결합하면서, 달라이라마로 대표되는 독특한 티베트불교가 태어난다.

　이렇게 당나라가 평화로운 상태였기 때문에, 현장은 떠날 때와 달리 엄청난 환대를 받았다. 당시 황제였던 태종도 현장을 조정으로 불러들여 그의 여행에 깊은 관심을 드러냈다. 심지어 태종은 현장에게 곁에서 정사를 도와달라고 부탁할 정도였다. 이는 현장이 많은 주변국을 다니며 직접 눈으로 확인한 바를 높이 샀기 때문이다. 주변 정세를 잘

아는 현장이 정치에 도움이 될 것이라는 판단이었다.

하지만 현장에게는 마지막 꿈이 있었다. 그것은 인도에서 가지고 온 경전들을 중국어로 번역하는 일이었다. 현장은 태종의 간곡한 부탁을 뿌리쳤다. 그 대신에 자기가 보고 들은 것을 정리해 책으로 엮겠다고 약속했다.

현장의 오랜 체험이 담긴 『대당서역기』가 세상에 나온 것은 다음 해인 646년이었다. 변기라는 제자가 현장의 메모와 이야기를 토대로 구성한 『대당서역기』는 모두 열두 권으로 구성되었다. 그 열두 권에는 현장이 직접 본 110개국에 더해, 직접 가 보지는 않았지만 전해 들은 28개국의 풍습과 사정이 쓰였다. 이렇게 『대당서역기』는 승려인 현장의 손을 거쳐 나왔지만, 불교의 서적이 아니라 여러 지역의 사람들이 살아가는 모습을 담은 인류학적인 책이었다.

이후 현장은 온 힘을 다해 불경의 번역에 매진했다. 세상을 떠나기 전까지 그가 번역한 분량은 무려 1,340권이었다고 전해진다. 닷새에 한 권꼴로 번역한 셈이었다.

학자마다 차이는 있으나, 경우에 따라서는 『대당서역기』를 이탈리아 상인 마르코 폴로가 중국을 비롯해 아시아 곳곳을 여행한 뒤 이를 토대로 1300년경에 쓴 『동방견

문록』, 신라 승려 혜초가 남긴『왕오천축국전』(727), 이븐 바투타가 30여 년 동안 이슬람 지역을 여행하면서 기록한 『이븐 바투타 여행기』(1355)와 더불어 세계 4대 기행서의 하나로 꼽기도 한다.

『대당서역기』에서『서유기』로, 이야기의 여정

당 태종이 주변 국가들의 정세를 살피기 위해 현장에게 쓰게 한 기행서『대당서역기』는 오랜 시간이 흐른 뒤에 『서유기』라는 전혀 다른 소설로 변했다. 즉 7세기에 기록된『대당서역기』가 16세기에 이르러『서유기』로 변모했다는 말이다. 비유하면, 딱딱하고 무뚝뚝한 부모인『대당서역기』에게서 장난스럽고 모험을 좋아하는 엉뚱한 아이가 태어난 셈이다. 어떻게 이런 일이 일어났을까?

이렇게 엉뚱한 자식이 태어난 이유는 크게 두 가지였다. 하나는 시간이었다. 천 년에 가까운 시간이 지나면서 사람들의 생각과 흥미가 변하고, 그와 함께 사회의 모습도 변화했다. 이처럼 오랜 세월에 걸쳐 만들어진 이야기로는 중동 지역에서 전해진『아라비안나이트』(천일야화)가 있다. 『아라비안나이트』는『서유기』와 마찬가지로 천여 년에 이르는 긴 세월에 걸쳐 만들어졌다. 지금 우리가 읽는 이야기는 천 년 동안 사람들 사이에서 떠돌던 이야기들끼리 치열한 경쟁을 벌인 끝에 살아남은 것들이다. 이들은 기나긴 시간을 거치면서 더욱 재미있고 깊이 있는 이야기로 변해 왔다. 시대에 따라 사람들의 관심과 흥미가 달라지고 세상의 모습이 바뀌면 상상의 세계에도 변화가 생겨서, 기존에 있던 이야기에 새로운 상상력이 오랜 세월 동안 끊임없이 추가되었다는 뜻이다.

둘째,『대당서역기』의 생김새 때문이었다. 아마도 이 생김새마저 매력이 없었다면『대당서역기』에서『서유기』가 태어나지 못했을 것이다.『대당서역기』는 딱딱하고 무뚝뚝하게 쓰였지만, 여러 지역의 여행기라는 겉모습은 매혹적이었다. 그 안에는 낯설고 신기한 많은 나라의 모습이 담겨 있었다. 현장이 인도를 오가면서 새로운 사람들을 만나고, 새로운 세계를 기록했기 때문이었다.

새로운 세계, 새로운 사람을 만나는 일은 예나 지금이나 매혹적이다. 오늘날에도 많은 사람이 기꺼이 집을 떠나,

낯설고 새로운 곳으로 여행하는 것은 이 때문 아닐까.

이런 이유로, 사람들은 『대당서역기』의 겉모습은 그대로 둔 채 지루하고 따분한 내용을 흥미로운 이야기로 바꾸기 시작했다. 수많은 사람이 다양한 형태로 이 작업에 참여해 만든 최종본이, 우리가 함께 보고 있는 『서유기』이다.

문자가 없던 몽골 유목민들이 세운 원나라 시대에는 사람들이 연극에 관심을 가졌다. 당시 많은 연극이 상연되었는데, 그 소재 가운데 하나가 『대당서역기』였다. 그렇지만 매혹적인 형식에 비해 내용이 재미없다는 문제가 있었다. 그러자 이야기에 흥미를 더하기 위해 등장한 것이 신통력을 지닌 손오공이었다.

손오공은 인도의 유명 대서사시 『라마야나』의 등장인물로서 신통력을 지닌 뛰어난 원숭이 장군, 하누만을 연상시킨다. 실제로 인도의 이 이야기 속 용맹한 원숭이 장군이 손오공으로 변신했을 수도 있다. 다만 이에 대해 확실한 근거는 아직 없다.

손오공이 등장하자 이야기는 크게 변화했다. 뛰어난 능력을 지닌 손오공이 주인공이 되면서, 모험심과 불굴의 의지로 가득했던 삼장법사 현장에게는 거꾸로 겁 많고 유약한 이미지가 덧씌워졌다. 결국 『서유기』에서는 주연이 아닌 조연으로 전락했다. 한편 주인공인 손오공의 모습도 세월이 흐르면서 바뀌었다. 처음에는 원숭이의 이미지가 그렇듯 호색하고 욕심 많은 캐릭터였으나, 일행이 추가되면서 손오공에게 집중되어 있던 성격이 차츰 분산되어갔다. 특히 호색하고 욕심 많은 성격은 대부분 저팔계에게 넘어갔다.

『대당서역기』와 『서유기』 사이에는 흥미로운 책이 여러 권 있다. 여기서는 간단하게 그 흔적만 더듬어보기로 하자. 대체로 『서유기』가 태어나는 데 가장 큰 공헌을 한 책으로는 『대당삼장취경시화』와 『서유기 잡극』을 꼽는다. 송나라 때 쓰인 『대당삼장취경시화』는 '당나라의 삼장법사가 경전을 가지러 다녀온 이야기'라는 뜻을 제목에 담고 있다. 이 책에는 여정을 함께하는 삼장법사의 제자가 일곱이라 나오지만, 이 중 실제로 묘사되는 것은 삼장법사와 손오공, 사오정뿐이다. 한편 명나라 초기의 『서유기 잡극』에는 삼장법사와 손오공, 다른 두 제자와 용마까지 등장해 『서유기』와 똑같아진다. 다만 삼장법사의 출생 이야기로부터 시작한다는 점에서는 『서유기』와 차이를 보인다.

2

명나라, 소설의 전성시대

『서유기』의 완성

이렇게 시간과 함께 변해온 이야기는 희곡(연극 대본)을 거쳐 명나라 때 마침내 오늘날과 같은 소설의 형태로 완성되었다. 물론 그로부터 다시 수백 년이 지난 지금은 사회와 기술의 변화에 발 맞춰 애니메이션이나 영화로도 만들어지고 줄거리 역시 조금씩 달라지기는 하지만, 기본적으로는 명나라 때 완성된 소설에서 크게 벗어나지 않는다. 『서유기』가 천 년 가까이 레고 블록을 쌓듯 단단하게 형성되었기 때문이다.

『서유기』는 여러 이야기가 서로 경쟁하듯 만들어졌다.

그중에는 방향을 동쪽으로 바꾼 '동유기'처럼 내용이 조금씩 다른 것들도 있었다. 이 경쟁에서 최종적으로 살아남은 것이 지금의 『서유기』이다. 그렇다 보니 『서유기』의 저자가 누구인지를 놓고서는 여러 주장이 있다. 공식적으로는 오승은이 『서유기』의 저자로 인정받고 있지만, 확실한 근거는 없다. 오랫동안 많은 사람이 참여해 형태를 갖춰오던 이야기를 오승은이 집대성한 결과가 『서유기』라고 본다면 크게 틀리지 않을 듯하다.

그렇다면 『서유기』는 어떻게 소설의 형태를 띠게 되었을까? 이는 당시 사회상과 밀접한 관계가 있다. 『서유기』가 태어난 명나라로 시간 여행을 떠나보자.

소설, 도시인의 놀이

명나라는 1368년 건국해 원나라를 무너뜨리고 중국 대륙을 통일했다. 명나라에는 많은 특징이 있지만, 소설의 등장과 깊이 관련된 것으로는 도시와 인쇄술의 발달을 꼽을 수 있다.

명나라는 농업을 국가 중심 산업으로 삼았으나 상업과 공업이 크게 발달했다. 그 결과로 일자리를 찾아 사람들이 도시에 모여들면서, 곳곳에 자리한 중국 거점 도시들의 인구가 증가했다.

도시와 농촌이 서로 다른 것 가운데 하나가 친밀감이었다. 농촌은 오랜 세월 함께 생활하면서 이웃끼리 서로 잘 알고 지냈다. 이들은 초상이 날 때도 온 마을이 나서서 장례를 치르며 나쁜 일과 좋은 일을 함께했다(오늘날에는 상조에 가입하는 등 각자 비용을 들여 해결해야 한다). 또한 때마다 산신제 같은 마을 의례나 줄다리기 같은 놀이를 통해 이른바 단단한 공동체를 이루며 살았다.

그러나 도시는 여러 지역에서 모여든 사람들로 구성되는 만큼, 함께 생활하며 만들어지는 시간의 친밀감이 부족했다. 유럽에 도시가 형성되는 동안, 동일한 일을 하는 사람들끼리 길드나 조합 같은 새로운 도시 공동체를 만든 것도 그 부족함을 채우기 위함이었다. 물론 농촌이 지닌 단단한 친밀감과 거기서 오는 안정감을 얻기는 어려웠다.

따라서 당초 서로 신뢰와 친밀감을 쌓는 것이 목적이었던 놀이 문화도 도시의 발달과 맞물려 변할 수밖에 없었다. 농촌이라면 온 마을이 하나 되어 한바탕 놀이를 즐겼을 테지만, 도시에서는 그럴 수 없었다. 연대가 사라지면서 민중이 대중이나 군중으로 변한 것처럼, 놀이 문화도 집단에서 개인 위주로 조금씩 바뀌어갔다. 가장 큰 변화는 연극배우나 이야기꾼 같은 전문가를 중심으로 하는 놀이가 성행했다는 점이다. 오늘날 영화나 뮤지컬 등을 보기 위해 극장을 찾는 것과 유사한 이 경향은, 원나라 때부터 활발해지다 명나라 때에 이르면 도시를 중심으로 크게 두드러졌다.

이처럼 원나라 때 연극에 사용되던 이야기를 글로 엮어서 낸 것이 명나라 때 대거 등장한 소설이었다. 소설『서유기』역시 당나라 때『대당서역기』가 세상에 나오고, 원나라 때 이를 토대로 하되 손오공이 주인공인 연극으로 공연되다가, 명나라 때에 이르러 그 이야기를 소설로 엮은 것이다.

도시에 모여든 사람들에게 소설은 큰 인기를 끌었다. 소설을 읽는 것은 연극처럼 한자리에 사람들이 모여야 가능한 일도, 농촌 마을 사람들 같은 친밀감이 있어야 즐길 수 있는 일도 아니었다. 그저 어디서든 책을 펼치면 즐거움이 가득한 세계로 들어갈 수 있었다. 이는 책이 가진 최고의 장점이다. 언제 어디서든 고대부터 미래까지 다양한 사람들, 상상의 존재들, 훌륭한 지식을 만날 수 있다. 명나라 사람들은 책을 읽는 개인적인 놀이를 즐길 수 있었다.

당대 사회상과 『서유기』

소설이 등장한 또 다른 배경은 인쇄술의 발달이었다. 아무리 좋은 레시피가 있어도 재료가 없으면 음식을 만들 수 없는 것처럼, 아무리 재미있는 이야기가 있다 해도 그것을 기록할 인쇄술과 책으로 펴낼 기술이 없다면 소설이 등장하기 힘들었을 것이다.

세계 3대 발명품 가운데 하나이자 인쇄술의 중심인 종이는 이미 중국에서 기원전 50~40년 무렵 발명되었다. 기원후 105년경에는 한나라의 환관 채륜이 품질 좋은 종이를 생산하면서 더욱 널리 보급되었다. 이후 인쇄술이 발달하기 전까지 책은 종이에 손으로 베껴 쓰는 이른바 필사를 통해 만들어졌다. 그런데 필사를 하다 보면 오자나 탈자, 즉 글자를 틀리거나 빠뜨리는 경우도 생기고, 무엇보다 한꺼번에 많은 책을 만들 수 없었다. 책을 보다 많은 사람이 읽을 수 있게 된 것은 인쇄술이 발달한 이후의 일이다. 인쇄는 나무나 금속으로 틀을 만들어 찍어내는데, 그 재료에 따라 목판인쇄, 금속인쇄 등으로 불린다.

한편 인쇄술이 발달하기 위해서는 수요가 있어야 했다. 아무리 좋은 기술이라도 쓰일 데가 없으면 발달하기 힘들다. 명나라 시기에 인쇄술이 발전한 이유도, 도시 인구가 늘고 소설이 등장해 인쇄물의 수요가 가파르게 증가한 데 있었다. 서양의 경우, 인쇄술의 아버지로 불리는 구텐베르크가 처음 인쇄한 것이 성경이었다. 그리스도교 문화권인 서양에서 성경에 대한 수요는 엄청났다.

물론 도시 인구의 증가와 인쇄술의 발전, 소설의 등장은 어느 하나가 원인이라기보다는, 서로 톱니바퀴처럼 맞물리면서 자극을 주고 영향을 미쳤다고 보아야 한다.

인쇄술이 발달하면서 일어난 또 하나의 움직임은, 국가가 아닌 민간인들이 돈을 벌기 위해 책을 출판하기 시작했다는 것이다. 이렇게 대중적이고 상업적으로 만들어진 책들을 방각본坊刻本이라고도 부른다. 이야기를 좋아하는 사람들의 수요에 반응해 전문 이야기책인 소설이 널리 출판되고 팔려나갔다. 즉 독자가 증가한 것인데, 이는 글을 읽고 즐기는 이른바 지식인이 늘어난 결과였다.

명나라에 이르러서는 공부해서 과거 시험을 통해 관료가 되는 일반적인 과정에서 벗어나, 책을 읽으면서 유유자적하며 사는 지식인이 많아졌다. 이들은 학문을 익혀 글을 읽을 수 있으나, 관료가 아니었기 때문에 시간이 많았다. 이런 지식인이 늘어나면서 평소 시간을 즐겁게 보낼 수 있는 소설이 큰 인기를 끌기 시작했다.

이런 사회적 배경을 등에 업고 세상에 모습을 드러낸 소설이 우리의 관심 대상인『서유기』이다. 명나라 때에는『서유기』외에도 유비와 관우, 장비가 등장하는『삼국지연의』, 108명의 의로운 도적 이야기인『수호전』등 많은 소설이 쏟아져 나왔다. 흔히『삼국지연의』『수호전』『금병매』는『서유기』와 함께 중국의 4대 기서로 꼽힌다. 이들 가운데 우리나라에서 가장 인기가 높은 것은 흔히 '삼국지'라 불리는『삼국지연의』이다.

그런데 곰곰이 살펴보면 4대 기서는 각기 흥미로운 성격을 지니고 있음을 알 수 있다.『삼국지연의』는 조조와 유비, 제갈공명 등 많은 영웅이 사람들의 마음을 하나로 모아 세력을 키우고 나라를 세우는 가운데, 서로를 기만하는 술수가 병법이라는 이름으로 멋지게 묘사된다. 『삼국지연의』의 백미로 꼽히는 적벽대전에서도 제갈공명과 주유의 멋진 속임수가 대승을 이끄는 도화선이 된다.

이렇게 나라가 세워지면 사회에 정의가 필요해진다. 이 주제로 쓰인 소설이 『수호전』이다. 정의롭지 못한 사회에서 부당한 처지에 놓인 108명의 영웅이 양산박에 모여들어, 비록 도적의 모습을 하고 있지만 사회 정의를 세우는 일을 맡는다.

나라가 세워지고 사회가 정의로워지면 이제 눈길은 개인으로 향하게 된다. 개인이 자아를 실현하고 훌륭한 인격을 갖춘 사람으로 성장하기 위해서는 어떻게 해야 하는지를 다룬 소설이 바로 『서유기』이다. 천방지축으로 날뛰던 손오공이 삼장법사 일행과 함께 서쪽으로 가서 경전을 구하고 모두 깨달은 자(부처)가 된다는 점에서 그렇다. 요마들이 득실거리는 고난의 길에서 때로 갈등을 겪고 때로 화합하며 이겨내는 과정은 우리의 삶을 그대로 닮았다.

세상에는 늘 어려움이 있어서, 누구에게나 닥쳐오기 마

런이다. 그것을 어떻게 이겨내고 극복하는지에 따라 삶이 변화한다. 이런 점에서『서유기』는 어떻게 어려움을 극복하는지 잘 보여주는 이야기이다. 이런 성격을 고려해보면 어릴 때『삼국지연의』부터 읽을 것이 아니라『서유기』를 통해 삶의 자세에 대해 느끼고『수호전』을 통해 사회를 바라보는 안목을 키운 다음에, 정글과도 같은 사회 속에서 원하는 삶을 살기 위해 여러 병법으로 채워진『삼국지연의』를 읽어도 좋지 않을까.

2장 펼치다

孫行者

『서유기』는 7세기 당나라의 승려 현장으로부터 발원해 원나라의 연극을 거친 후, 명나라에 이르러 소설로 세상에 나왔다. 이렇듯 시간이 쌓여 빚어낸 상상력 때문에 이야기의 분량이 엄청나다. 현재 우리나라에 완역 출간된 『서유기』 정본은 10권으로 각 권마다 10회 내외, 총 100회로 구성되어 있다.

흔히 이렇게 100회 또는 70회 등으로 구성된 소설을 장회소설이라고 부른다. 이때 장회란 장章과 회回가 있는 소설이라는 의미이다. 이 말이 어렵다면, 우리가 평소에 즐겨 보는 드라마를 생각해보자. 장편 드라마는 단번에 이야기를 끝내지 않고 회를 거듭하며 이야기를 이어간다. 『서유기』는 100회에 이르는 장편 드라마인 셈이다.

그런데 줄거리가 복잡하고 분량이 방대한 드라마들 중에는 이야기의 흐름이 크게 바뀌는 지점마다 시즌1, 2……로 나눠 설정한 것도 있다. 달리 말해 장회소설의 장이 시즌에 해당한다고 생각하면 이해하기 쉽다. 긴 이야기인 『서유기』도 시즌제 드라마처럼 크게 몇 단락으로 나뉜다.

여기서는 길고 방대한 『서유기』의 내용을 세 시즌으로 나누어 살펴본다. 이렇게 하면 산꼭대기에서 사방을 살피듯 『서유기』를 한눈에 조감할 수 있다. 이는 여행을 떠나기 전에 지도를 보는 것과 비슷하다. 지도에는 여행지의 구체적인 풍경이 나타나지 않지만, 여행의 전체 흐름이 어떨지를 짐작할 수 있다는 점에서 그렇다.

　따라서 『서유기』의 줄거리를 세 단락으로 나누어 살피는 것은, 거대한 숲을 닮은 방대한 『서유기』 속에서 길을 잃지 않고 여행이 주는 즐거움을 만끽하기 위함이다. 물론 가장 좋은 방법은 『서유기』를 처음부터 끝까지 읽는 것이다.

1
시즌1: 돌에서 깨어난 손오공과 그 일행

세상아, 내가 왔다!

시즌1, 첫번째 단락은 1회부터 8회까지의 도입부이다. 시즌1의 주된 이야기는 훗날 현장과 함께 경전을 찾아 서쪽으로 떠날 세 제자, 즉 손오공과 저팔계, 사오정이 살아온 이력과 이들이 모험에 합류하게 된 사정이다.

이들 세 제자 가운데 비중이 가장 높은 인물은 단연 손오공이다. 손오공은 『서유기』의 실질적인 주인공으로서, 시즌1의 대부분이 손오공에게 할당되어 있다. 손오공의 이야기는 1회부터 7회까지 이어지며, 8회에 이르러서야 저팔계와 사오정이 등장한다.

1회는 손오공의 탄생과 함께 시작한다. 손오공은 동쪽의 명산, 화과산에서 돌의 정기를 받아 태어난다. 손오공이 태어나는 모습을 좀더 구체적으로 살펴보자.

> 화과산 꼭대기에 신기한 바윗돌이 하나 서 있었는데 〔중략〕 그 바윗돌은 천지가 개벽한 이래 하늘과 땅의 정수와 일월의 정수를 끊임없이 받으며 오랜 세월을 지내 오는 동안 차츰 영기가 서리더니 마침내 그 속에 태기가 생겼다. 그리고 어느 날 바윗돌이 쪼개지고 갈라지면서 둥근 공처럼 생긴 돌알을 한 개 낳았다.(1권, 36쪽)

이처럼 손오공은 원래 돌이었다(머리뿐만 아니라 몸 전체가 돌이었다). 화과산을 비롯한 세상을 어머니 삼아 돌의 모습으로 세상에 나온 것이다. 이 돌은 바람을 맞자 곧장 돌 원숭이로 변하더니 얼마 후 기어다니기 시작했다. 그때 돌 원숭이의 눈에서 나온 금빛 광채가 하늘까지 올라갔다고 전한다.

돌 원숭이로 태어난 손오공은 화과산에 사는 원숭이 무리와 함께 화과산 속 수렴동이라는 동굴을 집으로 삼았다.

손오공 무리뿐만 아니라 『서유기』에 등장하는 요마들은 대개 동굴에 산다(오늘날 게임에서 흔히 보이는 던전이 이에 해당한다). 그래서 집의 이름이 대체로 ××동洞이다. 이 이름은 이들이 인간 세상과는 다른 세계에 속한 존재라는 것, 그리고 자연에 가까운 생활을 하고 있다는 것을 의미한다. 오늘날 우리도 도시에 산다면 ××동에 살것이다. 그 의미가 골짜기나 동굴에서 행정구역으로 바뀌었을 뿐이다.

손오공은 '훌륭한 원숭이'라는 뜻을 가진 미후왕美猴王이라 불리며 원숭이들의 우두머리가 되었다. 이들이 아름다운 화과산에서 웃고 떠들며 노는 사이에 4, 5백 년이 훌쩍 지나갔다.

손오공, 도술을 배우다

아무 걱정 없이 배고프면 먹고 졸리면 자는 생활을 하던 어느 날, 손오공은 문득 죽는다는 것에 대해 생각하기 시작했다. 살아 있는 모든 것은 죽을 수밖에 없다는, 존재의 비밀을 알아차린 것이다.

손오공은 어떻게 하면 죽지 않고 영원히 살 수 있을지를 고민했다. 그러나 모든 문제가 그렇듯 생각만으로는 해결되지 않는다. 손오공은 죽음에서 벗어나 영원한 생명을 얻기 위해, 오랫동안 머물렀던 수렴동을 떠나 모험을 통해 방법을 찾아 나서기로 했다.

이런 손오공의 모습은 본능적이고 행복한 아동기를 보낸 뒤에 청소년기에 막 접어든 사람과 비교하면 이해하기 쉽다. 자신에 대해 고민하고 세상을 향해 깊은 관심의 눈길을 던지는 사춘기가 시작된 것이다. 손오공의 아동기가 4, 5백 년이나 되는 것은, 손오공의 수명이 인간과 달리 매우 길기 때문이었다(최근 기대 수명이 늘어나면서 성장기 또한 길어지는 것과 같다). 그 시기를 지난 손오공은 이제 어떤 인생을 살 것인지 알아보고 배우기 위해 모험을 떠난다. 오늘날에는 과거와 달리, 모험을 떠나는 대신에 학교에 간다.

손오공은 수렴동을 떠나 이곳저곳 떠돌면서 인간 세상을 배운다. 그러다 우연히 '수보리 조사'라는 인물을 알게 되어, 그를 찾아가 제자가 되었다. 영리한 손오공은 그곳에서 10여 년 동안 72가지 변화 술법을 배운다. 그 가운데 대표적인 것은 구름을 타고 단번에 10만 8천 리를 날아가는 술법이었다. 10만 8천 리는 약 4만 2,415킬로미터에 달하는 어마어마한 거리다. 지구의 둘레가 4만 75킬로미터이니, 단숨에 지구 한 바퀴를 돌 수 있는 셈이다. 슈퍼맨은 되어야 손오공을 능가할 수 있을 정도다. 손오공이 타고 다니는 이 구름의 이름은 근두운이었다.

그러나 대부분 그러하듯 강한 힘을 갖게 된 손오공은 매우 교만해졌다. 결국 스승에게 쫓겨난 손오공은 하는 수 없이 수렴동으로 돌아왔다. 그런데 손오공이 집을 비운 사이 수렴동에 큰 문제가 발생했다. 혼세마왕이라는 요마가 수렴동에 살던 원숭이 무리를 몰아내고 그곳을 차지한 것이다.

손오공은 수보리 조사에게 배운 술법으로 혼세마왕과 싸움을 벌여 발아래에 굴복시켰다. 이때 활용한 술법은 털 한 올로 자기를 복제해내는 분신술이었다. 손오공은 무려 8만 4천 개나 되는 자신의 털을 다른 사물로 바꿀 수 있었다. 혼세마왕은 수백 마리의 원숭이가 한꺼번에 달려들자 당해내지 못했다.

용궁과 저승을 뒤집어놓은 손오공

혼세마왕과 싸우다 문득 자기들에게 무기가 없다는 사실을 깨달은 손오공은, 2백 리쯤 떨어진 오래국傲來國으로 가서 병장기를 모두 술법으로 훔쳤다. 그리고 원숭이 4만 7천 마리에게 무기를 나누어 주고 군사훈련을 시켰다. 무기로 싸우는 기술을 익힌 원숭이들은 화과산에 사는 사나운 야생동물과 요마를 모두 굴복시켰다.

그 모습을 보고 흐뭇해하던 손오공은 자기만의 무기가 있으면 좋겠다고 생각했다. 그런데 이 세상에서 만든 보통 무기는 아무짝에도 소용없으니, 동해 용왕을 찾아가 무기를 얻으라는 신하의 말을 받아들여 곧바로 동해 용궁까지 찾아갔다. 동해 용왕은 손오공의 비위를 맞추기 위해 3,600근 무게의 작살과 7,200근 무게의 방천화극을 내놓았다. 그러나 손오공의 마음엔 들지 않았다. 그때 동해 용왕의 왕비와 딸이 바다 창고에 있는 쇠뭉치를 주라고 귀띔해주었다.

동해 용왕을 따라 바다 창고로 간 손오공은 그곳에서 먼 옛날 우 임금이 홍수를 다스리고 강과 바다의 바닥을 다질 때 쓴 쇠뭉치를 얻었다. 쇠뭉치의 정식 이름은 여의금고봉으로, 흔히 여의봉이라고 불린다. 여의봉은 엄청나게 무거워서 무게가 무려 1만 3,500근(8,100킬로그램)이었다. 짐을 가득 실은 8톤 덤프트럭 한 대의 무게와 맞먹는다.

그러나 손오공은 여의봉을 마음대로 휘두를 수 있었다. 여의봉의 뜻 자체가 마음대로 움직이는 몽둥이다. 여의봉은 이름처럼 손오공이 원하는 대로 길이가 늘어났다가 줄어들었다. 손오공은 평소 여의봉을 작게 만들어 귓속에 넣고 다녔다.

손오공은 용왕들에게 여의봉을 비롯해 갑옷과 투구, 신발까지 강제로 빼앗다시피 얻어내 의기양양하게 돌아왔다. 여러 물건을 강탈당해 분노한 용왕들은 손오공의 만행을 하늘에 있는 옥황상제에게 고발했다. 한편 여의봉까지 손에 넣은 손오공은 기고만장해서, 각지에 흩어져 있던 힘센 여섯 요마들과 의기투합해 의형제를 맺었다. 이 7형제 가운데에는 훗날 적으로 돌아서는 우마왕도 속해 있었다. 이들은 다른 말로 '동승신주 칠마왕'이라고도 불린다. 동승신주는 동쪽 땅을 가리키는 말이다.

손오공이 하늘로 올라가 난리법석을 떨고서 스스로 제

천대성이라 이름을 붙인 이후, 다른 형제들도 새로운 이름들을 하나씩 지었다. 이들의 이름 끝에는 하나같이 '대성'이 붙어 있었으므로, 이들은 칠마왕 대신에 7대 대성이라 불렸다. 그 정체와 이름은 아래와 같다.

1) 우마왕: 거대한 황소 요마. 하늘을 평정한다는 의미인 평천대성

2) 교마왕: 큰 상어 요마. 바다를 뒤덮는다는 의미인 복해대성

3) 붕마왕: 대붕 요마. 하늘을 혼란스럽게 한다는 의미인 혼천대성

4) 사타왕: 사자 요마. 산을 밀어서 옮긴다는 의미인 이산대성

5) 백귀왕: 원숭이 요마. 귀가 밝고 바람을 꿰뚫는다는 의미인 통풍대성

6) 우융왕: 양성을 가진 긴꼬리원숭이 요마. 신선을 몰아낸다는 의미인 구신대성

7) 미후왕: 막내인 손오공으로 하늘과 어깨를 나란히 한다는 의미인 제천대성

이렇게 세상을 우습게 알며 희희낙락하던 어느 날, 깊은 잠에 빠져 있던 손오공의 꿈에 갑자기 저승사자가 나타났다. 두 저승사자는 불문곡직하고 오랏줄을 꺼내 손오공의 혼령을 묶은 다음, 손오공을 무작정 끌고 갔다. 얼떨결에 저승으로 끌려간 손오공은 자기가 죽었다는 사실을 깨달았다. 분노한 손오공은 여의봉을 마구잡이로 휘둘러 저승을 발칵 뒤집어놓았다. 저승을 다스리는 열 명의 시왕은 여의봉의 강력한 힘에 제대로 반항도 하지 못하고 속수무책으로 손오공 앞에 무릎을 꿇을 수밖에 없었다.

손오공은 누구나 타고난 수명이 생사부라는 장부에 기록되어 있다는 것을 알고 생사부를 빼앗았다. 그리고 자기 항목을 찾아보았다. 거기엔 이렇게 적혀 있었다.

저절로 태어난 돌 원숭이. 그 수명은 342세, 천수를 다하기로 되어 있음.

손오공은 그 자리에서 자기와 원숭이들, 의형제의 이름을 모두 지웠다. 그리고 아무 일도 없었다는 듯 유유히 수

렴동으로 돌아갔다. 이제 저승의 장부에서 이름이 사라졌
으니 죽을 이유가 없었다. 그러자 나이를 먹지 않는 원숭
이들이 많아졌다. 손오공의 의형제들 역시 아주 오래 살게
되었다.

한편 손오공에게 호되게 당한 시왕 또한, 하늘의 옥황상
제에게 손오공이 저승에서 저지른 만행을 고발했다.

뛰어봐야 부처님 손바닥

용왕들과 시왕들의 분노로 가득한 고발을 접수한 하늘
의 신들은 손오공의 처벌을 두고 갑론을박 공론을 벌였다.
당장 붙잡아서 벌을 내려야 한다는 주장이 많았으나, 강압
적으로 힘을 이용해 제압하기보다는 부드러운 회유책을
쓰자는 태백금성의 주장이 힘을 얻었다. 그래서 손오공에
게 옥황상제가 타는 마차의 말을 관리하는 어마감의 집사,
필마온이라는 벼슬을 내렸다.

이 소식을 들은 손오공은 하늘의 신들이 자기를 인정했
다며 크게 기뻐하고, 곧장 하늘로 올라가 자신에게 맡겨진

일에 정성을 다했다. 밤낮을 가리지 않고 성심성의껏 말을 보살핀 결과, 불과 보름 만에 말들이 눈에 띄게 건강해졌다. 하늘의 신들은 회유책이 성공했다며 기뻐했다. 그러나 그 기쁨은 그리 오래가지 못했다.

얼마 후 손오공은 필마온이 직급도 매우 낮은 하찮은 벼슬이라는 걸 알아차렸다. 손오공은 자기가 하늘의 신들에게 속았다고 크게 화를 내면서 즉시 원숭이들의 소굴인 수렴동으로 돌아갔다.

한편 손오공의 부하가 되기 위해 독각귀왕이라는 요마가 수렴동으로 찾아왔다. 그가 손오공에게 아부하려고 '제천대성'이라 부르는 것에 손오공은 크게 만족해하면서, 제천대성이라 쓰인 깃발을 수렴동 앞에 세웠다. 이 사정을 알고 진노한 옥황상제는 손오공 일당을 토벌할 것을 명령하며 하늘의 군대를 보냈다. 하늘에서 파견된 군대는 손오공과 싸웠다. 그러나 손오공의 술법과 힘을 감당해내지 못하고 망신만 당했다.

끝내 손오공을 굴복시키지 못한 옥황상제는 타협하기로 하고 손오공에게 제천대성이라는 이름을 내렸다. 제천대성이라는 직위가 따로 있는 건 아니니, 월급을 줄 필요도 없었기에 내린 결정이었다.

손오공이 새롭게 하늘에서 맡은 일은 복숭아밭인 반도원을 관리하는 것이었다. 반도원에는 3,600그루의 복숭아나무가 있는데 1,200그루는 3천 년에 한 번씩, 1,200그루는 6천 년, 나머지 1,200그루는 9천 년에 한 번씩 열매를 맺었다. 누구든 이 복숭아를 먹으면 수명을 엄청나게 늘릴 수 있었다. 이 사실을 알게 된 손오공은 9천 년에 한 번씩 열매 맺는 복숭아나무의 복숭아를 거의 다 따 먹었다. 게다가 신들의 연회에 오를 술까지 훔쳐 마셨다. 아무리 비뚤어진 손오공이라지만, 곧 자기가 큰 잘못을 저질렀다는 것을 깨닫고 재빨리 안전한 수렴동으로 도망쳤다.

귀중한 복숭아와 술이 사라지자 하늘은 발칵 뒤집혔다. 머리끝까지 화가 난 옥황상제는 재차 토벌군을 보내 손오공을 붙잡아 오라는 명령을 내렸다. 이번에는 지난번보다 더욱 강력한, 10만에 이르는 군대가 파견되었다.

치열한 전투 끝에 손오공을 제외한 요마와 원숭이 군대 모두 포로로 사로잡히고 말았다. 손오공은 손쉽게 잡히지도 굴복하지도 않았으나, 결국 그마저 포로가 되었다. 하늘에서 전투 상황을 보고 있던 태상노군이 금강탁을 던져 손오공을 맞혔기 때문이었다(태상노군은 중국을 대표하는 종교인 도교의 최고 인물, 노자의 다른 이름이다).

금강탁을 맞은 손오공은 하늘 군대의 손에 붙잡히고 말았다. 생포된 손오공을 참요대에서 능지처참하라는 명령이 떨어졌다. 그러나 가능한 모든 방법을 다 동원해도 손오공을 죽일 수 없었다. 죽이기는커녕, 머리에 벼락으로 만든 압정을 박거나 불에 태워도 상처 하나 생기지 않았다. 손오공이 원래 돌에서 태어난 데다, 하늘의 복숭아를 먹으면서 몸을 단련시키고 저승의 생사부에서 이름을 지웠기 때문에 죽지도 않고 상처 입지도 않는 불사신으로 변한 탓이었다. 이쯤 되자 손오공은 형벌을 즐기기 시작했다.

그러자 다시 태상노군이 나섰다. 태상노군은 단약을 제조하는 화로인 팔괘로 안에 손오공을 넣고 49일 동안 불을 땠다. 손오공을 녹여 죽일 작정이었다. 그러나 손오공은 그 안에서도 살아남았고, 49일 후 손오공의 상태를 보기 위해 팔괘로의 문을 열었을 때 재빨리 밖으로 뛰쳐나왔다.

바깥으로 나온 손오공은 그동안 당한 형벌을 분풀이라도 하겠다는 듯 하늘에 있는 건물들을 닥치는 대로 때려 부수기 시작했다. 하늘은 다시 한바탕 대소동이 벌어졌다. 하늘의 신들 가운데 그 누구도 손오공의 폭주를 막지 못했다. 속수무책으로 당하던 옥황상제는 영취산 뇌음사의 석가여래에게 도움을 청했다. 석가여래는 불교의 최고 인물이었다. 즉 도교의 최고신인 태상노군이 손오공을 체포하기는 했으나, 그 이상 어쩌지 못해서 불교의 최고신까지 나선 것이다.

옥황상제의 요청으로 하늘을 찾아온 석가여래는 손오공을 만나자 한 가지 내기를 제안했다. 그 유명한 내기는 손오공이 석가여래의 손바닥을 벗어나는 것이었다. 손오공은 석가여래의 제안에 어이없다는 듯 코웃음을 치더니 곧바로 근두운을 타고 세상 끝으로 날아갔다.

단숨에 지구 한 바퀴를 돌 수 있는 손오공이 한참을 달려 도착한 곳에서 손오공은 다섯 개의 봉우리를 보았다. 세상의 끝에 도착했다고 생각한 손오공은 그 봉우리에 오줌을 싸고 자기가 다녀갔다는 글을 쓴 다음, 웃음을 띠며 의기양양하게 돌아왔다. 그런 손오공을 바라보던 석가여래가 가만히 손바닥을 손오공 앞에 내밀었다. 손가락에는 손오공이 쓴 글과 지린내가 남아 있었다. '뛰어봐야 부처님 손바닥이다'라는 말은 여기서 유래했다.

　석가여래는 손오공을 오행산에 가두고 그곳의 신에게 손오공을 지키라고 명령했다. 이렇게 해서 손오공은 산에 갇혀 꼼짝도 할 수 없게 되었다. 손오공은 자기를 풀어달라고 고래고래 발악했지만, 아무 소용이 없었다.

삼장법사를 기다리는 세 제자

　고대의 시간은 빨리 지나간다. 손오공이 석가여래에 의해 오행산에 갇힌 뒤 다시 5백 년이 훌쩍 지나갔다. 손오공은 불사신이라 죽지도 못하고, 산에 갇혀서 5백 년 동안 몸을 움직이지 못한 채 고개만 내놓고 지내야 했다.

　손오공이 할 수 있는 일이라고는 고래고래 소리를 지르며 욕하거나 스스로 한탄하는 것밖에 없었다. 이쯤이면 죽는 게 나을지도 몰랐으나, 손오공은 앞서 보았듯 쉽게 죽을 수도 없는 존재였다.

　한편 석가여래가 지내는 영취산에서 우란분회(아귀도에 떨어진 망령을 위해 여는 불교 행사)가 열렸다. 그 자리에서 석가여래는 세상이 혼탁해지는 것을 걱정했다. 그러니 누군가 어려움을 극복하고 경전을 가져가 사람들을 감동시키며 다시 아름답고 선한 세상을 만들면 좋겠다는 희망을 내비쳤다.

이 일을 자원해서 맡은 것은 자비로운 관세음보살이었다. 관세음보살은 석가여래로부터 긴고아를 비롯한 다섯 가지 보물을 받고, 준비 작업에 착수했다.

먼저 관세음보살은 경전을 찾으러 올 사람들이 거쳐야할 길을 답사하기로 했다. 제목 그대로 서유기는 경전을 찾아 서쪽으로 떠나는 이야기인데, 관세음보살은 반대로 서쪽에서 출발해 동쪽으로 향했다.

동쪽으로 가던 관세음보살은 유사하流沙河라는 거대한 강에 이르렀다. 유사하는 깃털 같은 가벼운 것까지 모두 가라앉는 죽음의 강이었다. 그때 추악하게 생긴 괴물 하나가 나타나 시비를 걸었다. 그 괴물은 과거 하늘에서 옥황상제의 가마를 따르던 권렴대장이었다. 그러나 연회장에서 실수로 유리잔을 깨는 바람에 유사하의 괴물이 되는 벌을 받아, 사람을 잡아먹으며 살았다.

관세음보살과 혜안 행자를 잡아먹으려던 유사하의 괴물

은, 상대가 만만치 않자 이들에게 정체를 물었다. 관세음보살임을 알게 된 괴물은 무릎을 꿇었다. 그는 훗날 서쪽으로 경전을 가지러 가는 사람이 나타나면 그를 따르겠다고 맹세하고, 사오정이라는 이름을 얻었다. 사오정은 그날부터 사람을 잡아먹지 않고 물속에서 몸과 마음을 깨끗이 하며, 경전을 가지러 가는 사람을 기다렸다.

다시 동쪽으로 향하던 관세음보살은 복릉산에서 쇠스랑을 휘두르는 괴물을 만났다. 생김새가 거대한 멧돼지를 닮은 괴물이었다. 마찬가지로 관세음보살에게 무릎을 꿇은 이 괴물은, 원래 하늘의 천봉원수였으나 월궁의 항아를 희롱한 죄로 벌을 받아 하늘에서 쫓겨났다. 그런데 하필이면 암퇘지의 몸으로 들어가는 바람에 돼지의 모습을 하게 된 것이다.

돼지 괴물 또한 관세음보살의 권유에 따라 서쪽으로 경전을 가지러 가는 사람과 함께 갈 것을 약속하고, 저오능이라는 이름을 얻었다. 저오능은 저팔계라고도 불린다.

관세음보살은 계속 동쪽으로 갔다. 그러다 큰 소리로 우는 용 한 마리를 만났다. 그 용은 서해 용왕의 아들인데, 잘못을 저질러 곧 목이 잘릴 위기에 놓여 있었다. 용은 관세음보살에게 살려달라고 애원했다.

관세음보살은 하늘로 올라가 용을 대신해 옥황상제에게 용서를 구했다. 옥황상제는 흔쾌히 죄를 용서해주었다. 관세음보살은 용에게 훗날 서쪽으로 경전을 가지러 갈 사람이 나타나면 백마로 변해서 태우고 가기를 원했다. 용은 그 말에 따라 물속으로 들어가서 때를 기다렸다.

관세음보살의 발길이 마지막으로 닿은 곳은 손오공이 갇혀 있는 오행산이었다. 손오공은 5백 년 동안 많이 반성했다며, 관세음보살에게 자기를 구해달라고 애원했다. 손오공 또한 서쪽으로 경전을 가지러 가는 사람이 나타나면 성심을 다해 모시겠다고 약속했다.

이제 관세음보살에게 남은 것은 서쪽으로 경전을 가지러 갈 훌륭한 인물을 찾는 일뿐이었다. 관세음보살은 당나라의 수도인 장안에 거처를 정하고, 임무를 수행할 뛰어난 인물이 나타나기를 기다렸다.

2
시즌2: 삼장법사 현장의 내력

번갈아 찾아든 행복과 불행

시즌2, 즉 두번째 단락은 9회부터 12회까지로, 비교적 짧은 분량이지만 매우 흥미롭다. 이 단락에서는 삼장법사의 탄생에 얽힌 비극, 그리고 삼장법사가 서쪽으로 경전을 가지러 가게 된 이유가 밝혀진다. 시즌2는 엉뚱하게도 당나라 황제 태종으로부터 시작한다.

태종은 나라가 태평하니 과거를 통해 인재를 등용하자는 신하 위징의 제안을 받아들여 과거 시험을 개최했다. 이 소식을 들은 강소성 해주(『서유기』의 저자로 인정받는 오승은의 고향이자, 화과산이 위치한 곳이다)의 진광예가 과거에 응시하여 당당하게 장원급제를 했다.

당시에는 장원급제를 한 사람이 사흘 동안 말을 타고 도시를 돌아다니며 사람들에게 급제를 알리는 풍습이 있었다. 그때 승상의 딸 은온교가 먼발치에서 진광예를 보고 한눈에 반하고 말았다.

승상도 진광예가 뛰어난 인물임을 알아보고 곧바로 그를 사위로 맞이했다. 진광예는 결혼식을 올린 다음, 강주 자사라는 벼슬을 받아 아내와 함께 강주로 길을 나섰다. 가는 길에는 고향에 들러, 어머니를 모시고 길을 재촉했다.

하루는 강주로 가던 진광예 일행이 만화점이라는 주막에 머물게 되었다. 이튿날 아침, 주막 앞에서 잉어를 파는 걸 본 진광예는 어머니 생각에 황금빛 잉어 한 마리를 샀다. 그런데 그 잉어는 특이하게도 눈망울을 껌뻑거렸다. 잉어를 불쌍하게 여긴 진광예는 어부에게 물어서, 잉어가 잡힌 곳으로 가져가 풀어주었다. 한편 어머니가 더위에 먼 길을 걷다 지치자, 진광예는 주막에 돈을 내고 그곳에 어머니를 모셨다가 날이 선선해지면 모시러 오기로 했다. 그는 아내와 함께 둘이서 강주로 떠났다.

그런데 진광예와 아내 은온교가 나루터에서 배를 탈 때 무서운 일이 벌어졌다. 뱃사공인 유홍이 은온교의 아름다움에 반해서 나쁜 마음을 먹었다. 유홍은 다른 뱃사공과 짜고, 배를 으슥한 곳으로 몰고 가 진광예를 물속에 빠뜨려 죽였다.

유홍은 은온교에게 자기를 따르라고 협박하면서, 뻔뻔하게도 진광예의 관복을 입고는 강주 자사 행세를 했다. 은온교는 수치스럽고 분해서 스스로 목숨을 끊을까도 생각했지만, 이미 배 속에 진광예의 아이를 가진 터라 아이를 지키기 위해 유홍의 말을 따를 수밖에 없었다.

한편 진광예의 시신은 떠내려가지 않고 그대로 깊이 가라앉았다. 그것을 본 물속의 순찰 야차가 용왕에게 보고했다. 시체를 본 용왕은 깜짝 놀랐다. 지난번에 황금빛 잉어로 변했다가 사람들의 손에 붙잡힌 자기를 풀어준 은인이었기 때문이다.

용왕은 곧바로 성황신과 토지신에게 부탁해 진광예의 혼백을 돌려받고, 물속에서 몸이 썩지 않도록 정안주를 입에 물려주었다. 이렇게 해서 진광예는 목숨을 부지한 채 용궁에서 지내게 되었다.

강을 따라 흘러온 아기, 현장이 되다

한편 유홍은 태연하게 강주 자사가 되었다. 자기와 배속의 아기를 지키기 위해 은온교는 아무 말도 못 하고 슬픔과 분노를 가슴속에 담아둔 채 유홍과 함께 살았다.

어느 날 출장으로 유홍이 멀리 자리를 비운 사이에 은온교는 아기를 낳았다. 일을 마치고 돌아온 유홍은 그 아기가 진광예의 아이인 것을 알고, 죽여서 연못에 버리려 했다. 은온교가 유홍에게 아기와 하룻밤만 함께 지내게 해달라고 애원하자, 유홍은 이를 허락했다.

그날 밤 은온교는 몰래 밖으로 나가, 강물을 따라 떠내려온 널빤지에 아기를 내려놓고 다시 띄워 보냈다. 아기의 품 안에는 은온교가 자신의 손가락을 깨물어 피로 사연을 쓴 편지를 두고, 아기의 새끼발가락을 깨물어 훗날 알아볼 수 있도록 표시해두었다.

아기를 실은 널빤지는 인근의 금산사라는 절로 흘러들었다. 금산사의 고승 법명화상이 울음소리를 듣고 아기를 발견했다. 그는 아기에게 강에서 흘러왔다는 뜻의 '강류'라는 이름을 지어주고, 이웃에 맡겨 키우게 했다. 그로부터 18년 뒤에는 강류에게 현장이라는 법명을 주고 정식 제자로 삼았다.

어느 날 현장은 다른 제자로부터 '부모 없는 후레자식'이라는 말을 들었다. 분노한 현장이 법명화상에게 자기의 출신 내력에 관해 물었다. 때가 되었다고 생각한 법명화상은 현장에게 어머니가 남긴 혈서를 내주었다. 혈서를 통해 자기 집안에 닥친 비극적인 내력을 알게 된 현장은 기가 막혔다. 비통함 때문에 저절로 눈물이 뚝뚝 흘러내렸다.

현장은 법명화상에게 허락을 받아 어머니를 찾아갔다. 어머니와 아들의 만남은 눈물로 얼룩졌다. 현장은 그동안의 일을 외할아버지인 승상에게 알리기로 하고, 장안으로 올라가 승상을 알현했다. 그런 엄청난 일이 있었다는 것을 알게 된 승상은 크게 분노했다. 승상은 곧바로 황제인 태종에게 그 사실을 아뢴 뒤, 토벌군을 직접 이끌고 나섰다.

강주로 달려간 승상과 군대는 유홍을 체포했다. 그리고 진광예를 죽인 곳을 찾아갔다. 그곳에서 유홍의 간과 심장을 꺼내, 죽은 혼령을 위로하는 제사를 지냈다. 서글프게 사무치는 통곡이 강변에 메아리쳤다. 그때 강에서 시신 하나가 불쑥 솟아올랐다. 진광예였다. 곧 진광예가 몸을 움직였다. 용왕이 은혜를 갚기 위해 진광예를 보호하다가, 아내와 아들이 찾아온 것을 알고 돌려보낸 것이었다.

이렇게 해서 처음으로 세 가족이 한자리에 모였다. 승상을 따라 수도로 올라간 진광예는 한림원의 학사가 되었지만, 은온교는 그간의 마음고생을 이기지 못해 세상을 떠나고 말았다. 한편 현장은 금산사로 돌아가 법명화상에게 은혜를 갚았다.

목이 잘린 용왕

그렇다면 이제는 현장이 서쪽으로 경전을 가지러 가는 이유가 소개될 차례이다. 물론 석가여래의 희망에서 시작되었다고는 하지만, 현실 세계에서도 경전을 가지러 가야 할 피치 못할 이유가 있어야 할 터였다.

이 이야기는 경하라는 강을 다스리는 용왕으로부터 시작된다. 용왕은 물속에 살고 있으나, 세상일을 알기 위해 늘 육지 소식에 귀를 기울이고 육지의 사정을 염탐하게 했다. 그러던 어느 날 경하 용왕은 놀라운 이야기를 들었다.

한 뛰어난 점쟁이가 언제 어디에 그물을 던지면 물고기를 많이 잡을 수 있는지 어부들에게 알려준다는 것이었다. 이 보고를 받은 경하 용왕은 불같이 화를 냈다. 점쟁이를 그냥 두었다가는 경하의 물고기가 몰살당할 수도 있겠다고 생각했다. 용왕은 당장이라도 그 점쟁이를 죽이겠다고 칼을 집어 들었다.

신하들의 만류와 설득에 따라 경하 용왕은 일단 상황을 살피기 위해 선비로 변장하고 점쟁이를 찾아갔다. 점쟁이를 만난 경하 용왕은 내기를 제안했다. 다음 날 비가 언제 얼마나 내릴 것인지를 맞히는 내기였다. 용왕은 점쟁이가 맞히면 황금 50냥을 주고, 틀리면 뺨을 때리겠다는 조건을 내걸었다. 점쟁이는 미소를 지으며 용왕이 제안한 내기를 받아들였다. 그는 점괘를 뽑은 다음, 비가 언제 얼마나 올지를 알려주었다.

경하 용왕은 다음 날 찾아오겠다 말하고 돌아섰다. 용왕의 얼굴에는 웃음이 가득했다. 내기에서 자기가 이겼다고 생각했다. 그도 그럴 것이, 비를 내리는 것은 용왕이 평소에 하는 일이었기 때문이다. 신하들과 함께 킬킬대며 점쟁이를 비웃고 있을 때 하늘에서 특사가 왔다. 그는 다음 날

내릴 비의 시간과 양을 알려주었다. 용왕은 혼비백산했다. 점쟁이가 말한 것과 같았기 때문이다.

그렇다고 내기에서 질 수 없는 노릇이었다. 다음 날 경하 용왕은 시간과 양을 조금 다르게 해서, 두 시간 늦추고 세 치 여덟 방울 적게 비를 내렸다. 그러고는 기세등등하게 점쟁이의 뺨을 때리러 찾아갔다. 그런데 뺨을 때리려는 용왕에게 점쟁이가 빙긋 웃으며, 당신이 경하 용왕이고 하늘의 명령을 어겼기 때문에 곧 목이 잘릴 것이라고 말했다. 기세등등하던 경하 용왕은 깜짝 놀라 넙죽 몸을 낮추고, 살 방법을 알려달라며 두 손이 발이 되도록 싹싹 빌었다. 점쟁이는 목을 치러 올 집행관이 당 태종의 신하 위징이니, 태종에게 부탁해보라고 알려주었다.

그날 밤 경하 용왕은 태종의 꿈에 나타나 사정을 털어놓으며 목숨을 살려달라고 애원했다. 용왕의 딱한 사정을 들은 태종은 흔쾌히 그 부탁을 받아들였다. 황제나 용왕이나 한 무리를 지배하는 우두머리였다. 과부 사정을 과부가 알듯 태종은 용왕의 처지를 동정했다.

태종은 다음 날 오전 조회가 끝나고 위징을 불러 함께 바둑을 두었다. 그렇게 붙잡고 있으면 용왕의 목을 베러 가지 못할 터였다. 바둑을 두던 위징이 잠시 졸자, 나랏일을 하느라 피곤한 모양이라고 생각한 태종은 그를 내버려 두었다. 얼마 후 잠에서 깨어난 위징에게 태종이 웃으면서 전날 꿈에서 경하 용왕과 한 약속에 대해 말했다. 그러자 위징이 난처한 표정을 지었다. 위징은 피곤했던 것이 아니라, 조는 사이에 경하 용왕의 목을 베고 왔던 것이다.

위징은 태종에게 앞으로 닥칠 일들을 긴장한 표정으로 말해주었다. 아무리 사소한 것이라도 약속을 어긴 데 대한 대가를 치러야 했기 때문이다. 하물며 인간의 우두머리인 황제가 한 약속이었다.

그날 밤 경하 용왕은 피를 뚝뚝 흘린 채, 약속을 어긴 태종에게 찾아가 자기를 살려내라며 소리를 질렀다. 태종은 혼비백산해 잠에서 깨었다.

당 태종의 저승 행차

그날 이후 태종은 시름시름 앓기 시작했다. 죽은 경하 용왕이 약속을 어긴 당 태종을 저승에서 고소했기 때문이다.

저승을 다스리는 시왕이 시시비비를 가리고 재판을 하려면 당 태종을 불러와야 했다.

얼마 후 당 태종은 세상을 떠났다. 증인으로 출석하기 위해 저승에 간 것이다. 이런 사정을 아는 위징은 장례를 치르지 말고 시신을 그대로 보존하라 일렀다. 다행히 위징의 연락을 받은 저승의 심판관인 최판관의 도움으로 수명도 20년 늘고, 저승의 재판도 문제없이 마무리되었다.

정작 당 태종을 공포로 몰아넣은 것은 저승에 끌려간 일이 아니라, 자신이 일으킨 전쟁에서 참혹하게 죽은 혼령들이었다. 당 태종이 저승에 왔다는 소문을 듣고, 죽은 혼령들이 떼를 지어 잔뜩 몰려와서는 억울하게 죽은 목숨을 살려내라고 울부짖었다. 다리가 잘린 혼령들, 머리에서 피가 줄줄 흘러내리는 혼령들이 당 태종의 팔다리를 붙잡았다. 당 태종은 몸서리를 쳤다. 돌아오는 길에 저승의 참혹한 광경을 목격하면서 태종은 지난 삶을 되돌아보았다. 느낀 것이 많았다. 무엇보다 억울하게 죽어서 평안한 안식을 얻지 못한 혼령들을 위로해야겠다고 마음먹었다.

다시 살아난 태종은 곧바로 감옥 문을 열어 죄수들을 풀어주고, 홀아비나 고아들을 찾아내 구휼했다. 이 외에도 태종은 딴사람이 된 듯 선행을 베풀었다. 그리고 자기로 인해 억울하게 죽은 영혼들을 달래는 불교 행사인 수륙대회를 개최하기로 했다. 이 수륙대회를 주관할 고승을 선발하기 위해 한 사람씩 엄격하게 면접을 본 결과, 현장이 뽑혔다.

죽음에 관한 인식은 시한부 인생을 선고받은 사람의 행보처럼 많은 것을 바꾸어놓는다. 실제로 우리는 언제일지는 몰라도, 반드시 죽는다는 점에서 시한부 인생을 살아가고 있는 것이나 다름없다. 풍요로운 삶을 위해 당 태종처럼, 또 고대 로마의 장군들처럼 죽음을 기억(메멘토 모리)할 필요가 있다.

한편 오랫동안 장안에서 서쪽으로 경전을 가지러 갈 인물을 기다리던 관세음보살은, 수륙대회의 최고 고승인 현장을 보고 그가 이 모험의 적임자임을 알았다. 그래서 수륙대회 도중에 제 모습을 드러냈다. 당 태종과 현장을 비롯해 그 자리에 참석한 사람들은 관세음보살의 현신에 모두 무릎을 꿇었다. 관세음보살은 많은 영혼을 달래려면 소승불교가 아니라 대승불교를 알아야 하며, 이를 위해 서쪽 영취산 뇌음사로 찾아가야 한다고 알려주었다.

당 태종은 당장 수륙대회를 중지하고, 현장에게 임무를

맡아달라고 간절하게 부탁했다. 현장과 당 태종은 서쪽으로 떠나기 전에 의형제를 맺었다(실제 현장이 군대의 눈길을 피해 몰래 담을 넘은 것과 비교되는 대목이다). 또한 태종은 현장에게 삼장이라는 법명을 붙여준다. 삼장이란 불교의『법장』과『논장』『경장』을 가리키는 말로, 삼장법사라는 법명엔 이 삼장에 모두 뛰어나다는 의미가 담겼다. 그 까닭에『서유기』에서 현장은 대개 삼장법사로 불린다.『서유기』에는 삼장이 무엇인지를 석가여래가 보살들에게 설명하는 장면이 나온다. 짧게 인용하면 다음과 같다.

> "삼장 가운데『법장』은 하늘의 도리를 논하는 것이요, 『논장』은 땅의 도리를 논하는 것이며,『경장』은 귀역을 제도한다.〔중략〕이것이야말로 참된 도리를 닦는 길이요, 올바른 선으로 들어가는 문이다."(1권, 251쪽)

 즉 삼장법사는 하늘과 땅 그리고 죽은 자의 세계까지 두루 정통한 올바르고 참된 승려라는 의미이다.
 이렇게 경하 용왕의 이야기에 태종의 저승 나들이가 더해져, 현장은 머나먼 서쪽으로 길을 떠나게 되었다.

3

시즌3: 영취산으로 가는 모험과 요마들

시즌3은 삼장법사가 서쪽으로 길을 떠나면서 관세음보살이 미리 준비해둔 세 제자와 용마를 만나 일행이 되는 이야기, 이후 다양한 요마들과 다투는 이야기로 구성된다. 이들은 끊임없이 나타나는 수많은 요마와 싸우면서 마침내 목적지인 영취산에 이르게 된다.

13회부터 99회까지는 크게 두 부분으로 나눌 수 있다. 하나는 손오공(14회)을 필두로 용마(15회), 저팔계(19회), 사오정(22회)을 만나는 것, 다른 하나는 요마들로 인해 위기에 처한 삼장법사를 손오공과 다른 제자들이 구해내는 것이다. 특히 손오공의 활약이 눈부시다.

삼장법사가 위기에 빠지는 이유는, 그를 잡아먹으면 영

생불사, 죽지 않고 영원히 살 수 있다는 소문이 요마들 사이에 퍼져 있었기 때문이다. 삼장법사 일행의 앞길은 험난할 수밖에 없었다. 그렇기에 삼장법사를 지켜야 하는 손오공을 비롯한 저팔계, 사오정, 용마의 역할이 중요했다.

일행이 모두 모였다

본격적인 이야기가 시작되는 13회에서는 앞으로 일어날 사건들의 전조를 드러낸다. 여기서 삼장법사는 수행원을 데리고 길을 떠나는데, 얼마 지나지 않아 요마와 맞닥뜨리게 된다. 이들은 호랑이와 곰 요마로, 삼장법사를 따라온 시종을 모두 잡아먹었다. 삼장법사는 태백금성의 도움으로 겨우 목숨을 건진 채 다시 길을 떠나게 된다.

이제 삼장법사의 주위에는 아무도 없었다. 황제가 딸려보낸 수행원들은 여정을 시작하자마자 사라지고 말았다. 머나먼 길을 홀로 떠나야 하는 처지에 놓인 삼장법사 앞에, 관세음보살이 미리 준비해둔 일행이 차례로 나타나게 된다.

곧바로 14회에서 손오공이 등장한다. 등장한다기보다는, 고래고래 악을 쓰는 손오공의 목소리를 듣게 된다. 삼장법사는 오행산 꼭대기에 석가여래가 붙여놓은, '옴마니반메훔'이라는 금빛 여섯 글자가 쓰인 봉피를 떼어내 오행산에서 5백 년 동안 갇혀 있던 손오공을 풀어주고 첫 제자로 삼았다. 그런데 손오공이 천성을 버리지 못하고 무차별적으로 살생하자 삼장법사가 크게 꾸짖었다. 화가 난 손오공은 사라지고 말았다. 홀로 남은 삼장법사 앞에 나타난 것은 관세음보살이었다. 관세음보살은 모자와 승복을 주고 긴고주(긴고경)라는 주문을 알려주었다.

얼마 후, 용궁으로 갔다가 자기의 잘못을 깨닫고 삼장법사에게 돌아온 손오공은 삼장법사의 보따리에서 못 보던 모자와 승복을 발견했다. 번쩍번쩍 빛나는 모자와 승복에 욕심이 동한 손오공은 모자를 쓰고 승복을 입어보았다. 그 순간 삼장법사가 주문을 외자 손오공은 머리가 부서지는 듯한 고통을 느꼈다. 모자 안에 있던 금테가 손오공의 머리를 조인 것이다.

긴고아는 손오공이 삼장법사의 말을 따르지 않고 난폭해질 때 손오공을 온순하게 만들 수 있는 금테였다. 이로써 삼장법사는 손오공을 통제할 힘을 갖게 되었다.

다음으로 삼장법사를 따르게 된 것은 용마였다. 용마는 삼장법사가 타고 가던 백마를 잡아먹어 손오공과 시비가 붙었다. 이들이 한창 싸움을 벌이고 있을 때 관세음보살이 나타나 싸움을 말리면서, 용마가 삼장법사가 타고 갈 백마임을 밝혔다.

고로장에서 데릴사위를 하던 저팔계, 유사하의 사오정까지 합류하면서 일행이 모두 모였다.

아뿔싸, 하나가 모자라!

13회부터 99회에 이르는 과정에서 가장 특징적인 존재는 요마이다. 삼장법사와 손오공 일행이 가는 곳마다 요마가 이들을 기다리고 있었다. 40여 차례에 걸쳐 요마와 싸우면서 삼장법사는 번번이 위험에 처했다. 즉 『서유기』의 이야기 구조는 삼장법사를 지켜야 하는 손오공 일행과, 삼장법사를 잡아먹으려는 요마의 대결 구도가 핵심을 이룬다. 모든 이야기가 그렇듯 주인공이 죽을 수는 없으나, 매회 아슬아슬한 장면이 펼쳐진다.

물론 옥황상제와 태상노군, 관세음보살이 늘 주위를 맴돌며 여정을 지켜보는 데다, 저승과 용궁은 물론 하늘까지 뒤집어놓은 강력한 손오공도 있기에 삼장법사가 요마에게 잡아먹히는 일은 일어날 수 없다. 그러나 실제로는 매번 위험한 상황이 전개되면서 손오공, 저팔계, 사오정은 발에 땀 날 정도로 뛰어다니며 삼장법사를 지켜야 했다. 특히 손오공의 역할이 절대적이었다.

반면 요마에게 삼장법사는 매우 매혹적인 먹이이자 미끼였다. 그를 미끼라 표현한 것은, 과거에는 신의 시종이었으나 하늘에서 신의 물건을 훔쳐 지상으로 도망쳐 내려온 요마들을 그가 꾀어냈기 때문이다. 이들은 모두 원래 주인의 품으로 돌아간다.

한편 13~99회에 이르는 긴 여정 동안 요마들은 손오공 일행이 단련하는 계기가 된다는 점에서, 삼장법사는 또 다른 의미의 미끼이기도 했다. 즉 끊임없이 출현하는 요마들로 인해 고난을 겪은 손오공 일행이 단합하면서, 그 힘으로 사악한 요마에게 굴복하지 않은 채 원하는 목적을 향해 나아가 끝내 임무를 완수하게 해준다. 요마는 우리가 살아가면서 만나는 수많은 고난과 어려움을 상징한다. 성장의 밑거름이 된다는 점에서 요마는 오히려 고마운 존재이다.

98회에서 손오공 일행은 영취산에 도착해 석가여래를 만난다. 엄청난 환대를 받은 이들은 경전을 얻어 여행의 목적을 달성하는 듯했지만, 마지막에 아난과 가섭의 심술로 글자 하나 없는 무자진경을 받았다가 다시 글자가 적힌 유자진경을 받는 작은 소동을 치른다. 이 경전은 『열반경』을 비롯해 35부, 5,048권에 이르는 방대한 양이었다. 분량이 가장 많은 것은 『불국잡경』으로, 1,638권에 이르렀다.

손오공 일행에게는 이제 돌아갈 일만 남았다. 그러나 이마저 쉽지 않았다. 관세음보살은 손오공 일행이 경험한 재난을 돌이켜보다가, 그 재난의 수가 80개라는 것을 깨달았다.

> "아뿔싸! 우리 불문에서는 '구구 팔십일의 수효'를 다 채워야 귀진할 수 있다."(10권, 275쪽)

관세음보살은 99회에서 손오공 일행에게 한 가지 재난을 급히 더 내린다. 그제야 비로소 손오공 일행은 당나라로 돌아갈 수 있게 되었다. 마지막 회인 100회는 손오공 일행이 돌아온 이야기이다.

손오공 일행은 큰 환대를 받았다. 경전을 가지러 가느라 중단했던 수륙대회도 마저 치렀다. 어느 날 삼장법사가 경전을 읽으려 하자 하늘에서 팔대 금강이 나타나더니 삼장법사와 손오공, 저팔계, 사오정, 용마를 하늘로 들어 올려 영취산으로 보냈다. 석가여래는 삼장법사를 전단공덕불, 손오공을 투전승불, 저팔계는 정단사자, 사오정은 금신나한, 용마는 팔부천룡으로 삼았다. 이렇게 삼장법사와 손오공은 깨달은 자, 즉 부처가 되었다. 손오공의 머리를 옥죄며 행동을 구속하던 긴고아도 사라졌다.

이렇게 손오공은 돌에서 태어나 도술을 배우고 난동을 피우다가 삼장법사의 제자가 되어, 경전을 가져오는 일을 수행하고 구속에서 벗어나 자유로운 존재가 되었다. 이를 손오공에게 직접 들어보자.

"무릇 이 세상에 완전한 것은 없습니다. 이 경전은 본래 완벽한 것이었지만, 여기 이 바윗돌에 들러붙어 찢겨나가게 된 것도 알고 보면 '불완전'이란 오묘한 진리에 부응하기 위해 저절로 만들어진 결과입니다. 이런 것을 어떻게 사람의 능력으로 마음대로 바꿀 수 있겠습니까?"(10권, 287~288쪽)

3장 만나다

猪八戒

『서유기』의 주인공을 하나만 꼽는다면 단연 손오공이다. 그러나『서유기』는 손오공만의 이야기가 아니다. 이야기의 첫머리가 손오공의 탄생이라는 점에서 알 수 있듯 손오공의 비중이 높은 건 사실이지만, 그렇다고 손오공만 바라보면 진정한『서유기』를 만날 수 없다.

이야기가 엄청나게 길고 미로처럼 복잡한『서유기』에는 다양한 인물들이 등장한다. 서쪽으로 가는 여행의 구성원으로는 손오공 외에도 책임자인 삼장법사, 그를 수행하는 저팔계와 사오정, 삼장법사가 타고 다니는 용마가 있다. 이들 모두 독특한 캐릭터를 지닌 인물들이다. 여기에 손오공을 제압한 석가여래, 관세음보살 같은 불교의 인물들과, 하늘의 옥황상제나 태상노군을 비롯해 용궁과 저승에도 많은 신이 등장한다. 무엇보다 삼장법사 일행을 끊임없이 괴롭히는 수많은 요마가 있다.

『서유기』의 큰 특징 가운데 하나는 요마들이다. 이들은 주인공을 돋보이게 하는 조연이지만, 다양한 능력을 선보이면서 이야기를 끌고 가는 매우 중요한 역할을 맡는다. 우마왕 같은 요마는 과거 손오공이 화과산에 있을 때 의형제를 맺은 사이이다. 가족에 대한 깊은 사랑을 보여주는 요마, 하늘에서 도망쳐 나온 요마, 원래 동물이었으나 오랜 수행으로 초능력을 갖게 된 요마도 있다. 이들은 『서유기』 읽기에 즐거움을 더한다.

그런가 하면 인간 세상에도 황제인 당 태종, 태종의 신하이자 경하 용왕의 머리를 친 위징 같은 기이한 인물이 있다. 저승에서 태종에게 도움을 준 최판관, 용왕을 곤경에 빠뜨릴 정도로 실력이 뛰어난 점쟁이도 독특한 캐릭터를 자랑한다. 손오공에게 술법을 가르친 수보리 조사도 그냥 넘길 수 없다.

이 외에도 역할은 미약하나 제각기 고유한 개성을 지닌 인물들이 『서유기』 곳곳에 보석처럼 박혀 있다. 이들은 이야기를 생생하고도 맛깔나게 만들어주며, 진한 흥미를 돋운다.

이곳에서는 『서유기』에서 활약하는 인물들을 만난다. 『서유기』의 등장인물은 크게 세 부류로 나뉜다. 먼저 서쪽으로 불경을 찾아 떠나는 손오공 일행, 그리고 이들을 방해하는 수많은 요마들, 마지막으로 이들 두 부류의 주변에 있으면서 이야기의 매끄러운 전개를 돕는 하늘과 땅, 용궁과 저승의 신들과 황제, 신하들이다.

1

경전을 가지러 서쪽으로 향하는 일행

손오공 일행은 모두 다섯이다. 손오공과 삼장법사 현장, 저팔계와 사오정, 용마는 각자 고유한 개성을 지녀서, 때로는 티격태격 갈등을 빚고 때로는 정교한 톱니바퀴처럼 손발을 척척 맞춘다. 이들은 끝없이 나타나는 요마들과 싸우며, 경전을 가지러 가는 고단하고 힘든 여정을 이끌어간다.

이들의 특징 가운데 하나는, 삼장법사를 제외하고는 모두 인간과 동물, 신의 성격이 뒤섞여 있다는 점이다. 손오공은 원숭이와 인간이 섞여 있고, 원래 하늘의 신이었던 저팔계는 돼지와 인간이 결합한 모습을 하고 있다. 사오정 또한 신이었으며, 용마는 용왕의 아들이었다. 이런 특징은 원숭이나 돼지, 신의 성격을 인간에게 부여해서, 보통 사람들이 갖지 못한 힘을 발휘하게 해준다. 오늘날로 치면 '아이언맨'이 기계 수트를 입음으로써 하늘을 나는 등의 초인적인 힘을 발휘하는 것과 비슷하다.

제천대성 손오공은 왜 원숭이인가

손오공 일행에서 먼저 눈길이 가는 캐릭터는 『서유기』에서 가장 큰 활약을 펼치는 주인공인 손오공이다. 타임머신을 타고 『서유기』의 저자를 만나 인터뷰를 할 수 있다면, 가장 먼저 묻고 싶은 것은 '왜 손오공은 원숭이인가'다. 용맹함을 상징하는 호랑이나 하늘의 왕자 독수리도 있는데, 왜 하필 원숭이일까? 이에 대해서는 인도의 이야기에서 영향을 받았다는 주장이 가장 그럴듯하다. 그러나 인도든 중국이든 왜 원숭이를 선택했는지에 대한 궁금증은 그대로 남는다.

원숭이는 생김새도 그렇지만 인간과 매우 가까운 존재이다. 인간과 생물학적으로 가까운 동물로서, 인간처럼 손을 사용하고 직립하기도 하면서 나무를 타고 아래위로 재빠르게 오르락내리락할 수 있다. 이런 원숭이의 능력이, 손오공이 용궁이나 저승, 하늘처럼 다른 공간으로 다니는 모습을 상상하게 한 건 아닐까? 고대부터 인류는 하늘과 땅을 이어준다는 '우주나무'를 상상하곤 했다. 이런 상상력은 근두운처럼 다른 공간으로 이동시켜주는 탈것도 만들어냈다.

그러나 손오공의 첫 모습은 『서유기』와 달랐다. 송나라 때 쓰인 『대당삼장취경시화』 속 원숭이는 겉보기에 하얀 옷을 입은 수재의 모습이다. 폭력적이지도 않고, 장난기 많은 원숭이의 모습도 아니다. 『대당삼장취경시화』에서 손오공은 예의 바르고 차분하다. 다만 뛰어난 능력만은 그대로여서, 삼장법사와 함께 경전을 찾으러 가는 동안 그들을 가로막는 요마들을 쉽게 물리치는가 하면, 불교의 이치를 궁금해하는 삼장법사의 여러 물음에도 거침없이 답변한다.

그런데 『서유기 잡극』에서는 조금 다른 모습으로 등장한다. 『서유기 잡극』에서 손오공은 『서유기』에서처럼 원숭이 본래의 성격을 많이 나타낸다. 하늘에서 복숭아와 옷을 훔치고, 하늘의 군대와 싸움을 벌이는 등의 소동을 일으킨다. 또 원숭이에 드리워진 이미지 그대로 엉큼하다. 금정국 국왕의 여자를 납치해 아내로 삼고, 여인국에서도 여자를 밝히는 모습이 그대로 드러난다. 심지어 사람을 잡아먹을 궁리도 한다. 이쯤 되면 『서유기』의 요마들과 다를 것이 하나도 없다.

이렇게 여러 모습으로 등장하던 손오공은, 『서유기』보다 조금 앞선 시기에 나온 『서유석액전』에 이르러 우리에게 친숙한 모습으로 변화한다. 『대당삼장취경시화』의 점잖은 성격과 『서유기 잡극』의 요마적 성격이 크게 줄어든 대신, 반항적이고 저항적인 모습이 가미된다. 이 때문에 손오공은 하늘의 신들과 싸움을 벌이고 삼장법사와 마찰을 빚는다. 이런 손오공의 반항적인 성격을 제어하는 수단이 긴고아다. 삼장법사는 머리를 조여 고통을 주는 테로 손오공을 통제하면서, 함께 경전을 구하러 서쪽으로 간다.

한편 손오공은 일행 가운데 가장 키가 작고 몸집도 왜소하다. 『서유기』에 따르면 손오공의 키는 넉 자, 즉 120센티미터쯤 된다. 또 우리에게는 손오공이라는 이름이 친숙하지만, 『서유기』에서는 주로 '손행자'라고 불린다. 행자는 불교에서 수행하는 사람을 가리키는 호칭이다.

마성의 매력, 천봉원수 저팔계

저팔계가 처음 등장한 것은『서유기 잡극』이었다. 그 전까지 손오공에게 주어져 있던 호색이나 탐욕 같은 인간적 욕망이 상당 부분 이 무렵에 저팔계에게 넘어갔다.

『서유기 잡극』에 따르면, 저팔계는 하늘에서 금방울로 도적질을 하면서 금 자물쇠를 열려다 발각되어 땅으로 쫓겨났다. 그 후 흑풍동에 살면서 흑풍대왕으로 불렸다. 이때까지 저팔계는 돼지 요마였다. 실제로 조선 시대의 중국어 교과서였던『박통사언해』에는『서유기』이야기가 실려 있는데, 거기에 저팔계가 등장한다. 다만 저팔계가 아니라 주팔계라는 이름의 검은 돼지 요마로 묘사된다.

그런데『서유기』에서 저팔계 이야기는 변화를 겪는다. 『서유기』에서 저팔계는 원래 은하수를 다스리던 천봉원수였다. 그는 신선술을 익혔기 때문에 하늘의 신선 명부에도 올라 있는 인물이었다. 저팔계가 땅으로 내려온 건 죄를 지었기 때문이었다.

어느 날 술에 잔뜩 취한 천봉원수가 광한궁으로 뛰어들어 선녀 항아를 희롱했다. 이런 사실을 알게 되어 분노한 옥황상제가 천봉원수를 극형에 처할 것을 명령했다. 이때 옥황상제를 말린 것은 태백금성이었다. 태백금성은 손오공이 저승과 용궁에서 소동을 일으켰을 때에도, 엄벌을 내려야 한다는 이들과는 달리 회유책을 주장한 인물이었다.

천봉원수는 태백금성의 간청으로 겨우 사형을 면한 대신, 철퇴로 2천 대를 맞은 뒤 땅으로 쫓겨났다. 그런데 하필이면 암퇘지의 몸으로 들어가는 바람에 돼지의 모습으로 세상에 태어났다. 이것이 저팔계가 돼지의 모습을 한 이유이다.

저팔계는 겉모습이 돼지였기 때문에 처음에는 저강렵으로 불렸다. 저강렵은 얼굴이 돼지이고 목덜미에 돼지털이나 있었기 때문에 붙은 이름이었다. 한편 저팔계에게 관세음보살이 지어준 이름은 저오능이었다. 이 이름에는, 비록 지금은 돼지의 모습을 하고 있지만 깨달음을 얻어 원래대로 신의 모습을 되찾으라는 의미가 담겨 있다. 저오능의

저猪는 돼지를 의미하고 오悟는 깨달음을 의미한다. 그런가 하면 저팔계라는 이름은 삼장법사가 붙여준 것이다. 팔계八戒는 여덟 가지를 금한다는 의미로, 살생과 도둑, 거짓말, 음주 등이 포함된다.

저팔계는 삼장법사의 세 제자 가운데 가장 덩치가 크다. 생김새 또한 사납기 짝이 없다. 저팔계의 모습에 대해서는 이런 표현이 있다.

> 디딜방아 자루처럼 길게 뻗은 주둥이가 에누리 없이 석 자쯤 되어 보이고, 두툼한 입술 틈서리로 비죽 나온 뻐드렁니가 은 못을 박아놓은 듯하다.
> 한 쌍의 고리눈이 번갯불처럼 번쩍번쩍하고, 두 귀가 부채질하듯 너울거릴 때마다 세찬 바람이 휙휙 난다.
> 뒤통수 덜미에는 강철 화살보다 억센 갈기 터럭이 기다랗게 벌여 돋았으며, 전신에 뒤덮인 살가죽은 거칠고 지저분하고 푸르뎅뎅하다.
> 두 손에 기괴망측한 연장을 한 가지 쓰는데, 이빨 아홉 달린 쇠스랑에 보는 사람마다 놀라 자빠질 지경이다.(9권, 175쪽)

저팔계의 장인이었던 고로장의 고태공은 저팔계의 모습을 이렇게 표현했다.

> "처음엔 왔을 때는 살결이 시커멓고 뚱뚱한 몸집이었소이다만, 시간이 얼마쯤 지나고 보니 주둥아리가 비죽 나오고, 두 귀가 대장간 부챗살보다 더 커져서 너울거리고, 이건 아예 바보 멍텅구리 같은 모습으로 바뀌는 것이었소."(2권, 283쪽)

『서유기』의 결말에서 삼장법사는 전단공덕불, 손오공은 투전승불, 사오정은 금신나한이 된다. 하지만 저팔계는 정단사자가 된다. 저팔계는 자기 이름이 마음에 들지 않는다고 투덜거렸다. 그러자 석가여래가 웃으며, 정단사자에게는 제단을 깨끗하게 정리하는 임무가 주어지기에 먹을 것이 많다고 말한다. 그제야 저팔계는 마음에 든다는 듯 헤벌쭉 웃는다.

저팔계는 먹을 것을 탐하는 돼지의 성격을 마지막까지 버리지 못한다. 물론 그가 돼지의 모습을 하고 있다고는 하나 돼지는 아니다. 정확히는 인간과 돼지의 혼합 형태를 하고 있는 것이다.

손오공을 비롯해 『서유기』에 등장하는 요마들도 대체로 저팔계처럼 인간과 동물이 섞인 형태를 취한다. 이때 요마들은 그 동물의 성격도 갖게 된다. 즉 저팔계는 돼지의 성격을 갖는다는 뜻이다. 저팔계가 가진 돼지의 속성 가운데 두드러지게 나타나는 것으로는 식탐과 성욕, 저돌적인 성격 등이 있다. 특히 『서유기』에서 저팔계의 생각과 행동은 음식과 여자에 대한 강한 욕망으로 가득하다.

한번은 손오공 일행이 서량여국에서 요마를 물리치고 길을 나서려 할 때, 가는 동안 양식으로 쓰라며 여왕이 쌀을 주었다. 평소 짐이 무겁다고 투덜거리던 저팔계가 냉큼 그 쌀을 받아 짊어졌다. 이상하게 여기던 손오공에게, 쌀은 날마다 줄어드는 짐인 데다 이 정도면 한 끼에 다 먹어 치울 수 있다고 저팔계가 싱글거리며 대답한다.

44회에서는 손오공이 삼청도관에 맛있는 음식이 잔뜩 차려져 있다고 말하자, 자고 있던 저팔계가 벌떡 일어나 삼청도관으로 달려가서는 음식을 게걸스럽게 먹었다. 황풍령으로 가던 길에 만난 노인에게 식사를 대접받을 때도 저팔계는 음식을 전부 내오라고 소리쳤다. 결국 한 끼 식사로 노인의 가족이 먹을 음식을 죄다 축내고 말았지만, 그러고도 배가 반밖에 차지 않았다고 투덜거린다. 통천하의 진가장에서 만난 노인들이 음식을 내놓았을 때도, 닥치는 대로 음식을 입속에 쑤셔 넣던 저팔계는 음식이 모자란다며 고래고래 소리를 질렀다.

이쯤에서 저팔계와 늘 동행한 사오정의 증언을 들어보자. 한번은 삼장법사가 손오공을 쫓아내는 바람에 저팔계가 끼니를 동냥하러 갔다. 그러나 아무리 기다려도 저팔계는 돌아오지 않았다. 그 까닭을 삼장법사가 사오정에게 물었다. 사오정은 이렇게 대답했다.

> "그 형님은 워낙 밥통이 크고 먹성이 좋아서 자기 배나 채울 욕심으로 마냥 눌러앉아 있기만 할 뿐이지, 사부님 생각을 할 게 뭡니까. 전 혼자서 배가 터지게 실컷 먹고 나서야 돌아올 생각을 할 겁니다."(3권, 254쪽)

그렇다면 저팔계는 얼마나 먹을까. 저팔계의 장인 말을 들어보면 입이 딱 벌어진다.

"식탐은 또 얼마나 크고 사나운지, 한 끼니에 쌀밥을 네댓 말씩이나 먹어치우고 점심때 밀가루 구운 떡을 앉은자리에서 1백여 개나 먹어야 직성이 풀린답니다그려."(2권, 283쪽)

우리나라 도량형으로 쌀 한 말은 8킬로그램이니, 한 끼에 30킬로그램 이상 먹는다는 말이 된다. 참고로 2023년 통계에 따르면, 한국인의 연간 쌀 소비량은 평균 약 56킬로그램이다. 우리가 1년에 걸쳐 먹는 쌀을 저팔계는 두 끼만에 해치운다는 말이다. 음식에 대한 저팔계의 욕망과 실제 먹성은 상상을 초월한다.

심지어 저팔계는 모험을 권유받을 때에도 "국법대로 살면 맞아 죽기 십상이요, 부처님 법대로 살면 굶어 죽기 십상"이라며 거절한다. 그냥 살찐 아낙네나 잡아먹겠다며 자기를 내버려 두라고 대꾸했다. 그런데 경전을 가지러 가는 올바른 길을 가게 되면 굶주림을 면할 수 있다는 관세음보살의 말에 재빠르게 태도를 바꾸어, 일행이 되겠다고 약속했다. 다른 제자들이 흔쾌히 관세음보살의 제안을 수락한 것과는 사뭇 다르다. 저팔계답다는 말이 절로 나오는 대목이다.

저팔계의 또 다른 특징은 여자를 밝힌다는 점이다. 저팔계가 하늘에서 쫓겨난 것도, 항아를 희롱했기 때문이었다. 저팔계는 예쁜 여자만 보면 사족을 쓰지 못했다. 그것이 가장 잘 나타난 것은 23회로, 네 성인聖人들이 손오공 일행을 시험하기 위해 이들을 아리따운 여자들과 만나게 하는 장면이 나온다. 여자들은 자신들이 부자이며, 손오공 일행도 넷이니 서로 짝을 지어 함께 살자고 졸랐다. 나머지 일행은 시큰둥한 표정을 지었으나, 저팔계 홀로 함정에 걸려들어 고생했다. 이때 손오공은 사오정에게 저팔계에 대해 이렇게 말한다.

"자네, 아직도 저 친구를 모르는군. 저 친구는 원래 우쓰장에 있는 고로장 마을 고태공 댁에서 데릴사위 노릇을 했었지. 그러다가 이 손 선생에게 굴복당하고 보살님께 계행도 받았는데, 어쩔 수 없이 나한테 붙잡혀 중 노릇을 하게 된 거라네. 그래서 전처를 버리고 사부님께 투신하여 서녘 땅으로 부처님을 뵈러 가게 된 것일

세. 아내와 서로 떨어져 있은 지 오래되니까, 또 그놈의 엉큼한 여자 생각이 나기 시작한 거야. 방금 말하는 소리 못 들었나? 그런 말투로 보건대, 또다시 색심이 발동한 것이 틀림없네.”(3권, 94쪽)

저팔계의 세번째 특징은 게으름이다. 손오공 일행이 가는 길에는 ‘반드시’라 해도 좋을 정도로 요마가 나타났다. 그렇다면 늘 주의를 기울이다, 요마가 나타날 때 적극적으로 방어나 공격을 하면 된다.

그러나 저팔계는 반대로 행동한다. 잠에 빠져 있다가 요마에게 사로잡히기 일쑤다. 삼장법사가 동냥을 시키면 일단 숲속으로 들어가 한숨 늘어지게 잠을 잔다. 열심히 싸우지도 않아서, 먹을 것이 걸려 있지 않으면 싸울 이유가 없어 보인다. 실제로 요마들과 싸우는 것은 늘 손오공의 몫이다. 손오공은 요마와 싸우고, 불리해지면 발에 땀 나도록 하늘과 영취산으로 뛰어다니며 도움을 청한다.

저팔계의 손에 죽임을 당한 요마는 별로 없다. 그럼에도 저팔계는 욕심이 많아서, 손오공이 한 일을 자기가 한 것처럼 꾸며내기도 한다. 욕심내는 건 빨라도 행동은 느리고 게으른 것이 저팔계였다. 손오공은 좌충우돌하면서 요마들과 싸움을 벌이지만 저팔계는 최대한 충돌을 피하려 하고, 손오공은 자존심이 강하지만 저팔계는 이익을 챙기는 데 강한 모습을 보여준다.

이처럼 저팔계의 특징으로 강하게 부각되는 식욕과 성욕은 사실 인간이 지닌 가장 강한 본능이다. 보통 사람들은 저팔계처럼 자기 욕망을 마음껏 분출하며 살기를 원한다. 이런 탓인지 저팔계는 미워할 수 없는 매력을 지닌 캐릭터이다.

손오공 역시 매력적이지만, 능력이 너무 뛰어나다 보니 감탄은 자아내도 공감하기엔 조금 멀게 느껴진다. 한편 사오정은 묵묵한 수도승 같은 성격 탓에 공감을 불러일으키기 힘든 측면이 있다. 삼장법사는 경전을 가져오겠다는 굳은 마음이 존경스럽지만, 우유부단하고 매번 요마들에게 납치되는 등 유약한 이미지가 있다. 그런데 저팔계는 요마의 능력을 지니면서도 욕망을 가감 없이 그대로 드러내며 『서유기』를 읽는 사람들의 공감을 불러일으킨다. 우리가 다이어트를 해서 욕망을 극복하고 싶어 하듯, 모험 내내 저팔계가 욕망을 이겨내기 위해 애쓰는 모습도 우리의 마음에 가깝게 다가오는 요소이다.

일행 가운데 가장 강한 손오공과 사사건건 대립하며 갈등을 빚어내는 것도 저팔계의 매력이다. 손오공과 저팔계의 갈등은 손오공 일행과 요마들의 갈등이라는 이야기의 기본 구조에 더해져, 읽는 사람에게 새로운 재미를 안겨준다. 물론 직접 싸우기엔 손오공의 맞수가 못 되기 때문에 저팔계는 귀가 얇은 삼장법사를 이용하거나, 비아냥거리는 말로 손오공을 자극하고 다툰다. 이런 모습은 독자들에게 웃음을 선사하며 요마와의 싸움이 주는 팽팽한 긴장감을 누그러뜨린다.

이런 모습은 손오공이 아버지의 역할을, 저팔계가 어머니의 역할을 맡은 것에 비유할 수 있다. 전통 사회에서 아버지는 바깥일(요마와 다투는 일)을 하고, 어머니는 집안일(짐을 나르고 식량을 구해 오는 일 등)을 맡는다는 점에서 그렇다.

따라서 겉보기에 『서유기』의 주인공은 손오공이지만, 보이지 않는 곳에서 이야기를 끌고 가는 저팔계의 비중이 매우 높다. 독자들이 흥미를 잃지 않고 끝까지 읽는 데는 저팔계의 역할이 크다.

자기 능력을 아는 권렴대장 사오정

사오정도 저팔계처럼 하늘에서 살던 존재로, 신선술을 익힌 신선이었다. 사오정이 하늘에서 맡은 직책은 권렴대장이었다. 권렴대장은 옥황상제의 수레를 호위하거나, 옥황상제가 머무는 영소보전을 지키는 직책으로서 오늘날의 경호실장이었다.

그가 하늘에서 쫓겨난 것은 사소한 실수 때문이었다. 하늘의 최고 여신인 서왕모가 높은 신들을 초빙해 개최한 반도회에서 권렴대장이 실수로 유리잔을 깨뜨리고 말았다. 잔을 하나 깨뜨렸을 뿐인데, 그에게 내려진 형벌은 사형이었다. 하늘을 뒤집어엎은 손오공이나 선녀 항아를 희롱한 저팔계에 비하면, 잔 하나 깨뜨린 것치고 엄청나게 큰 형벌이었다.

적각대선의 간청으로 권렴대장은 사형을 겨우 면한 대신, 매를 맞고 하늘에서 쫓겨나고 말았다. 권렴대장의 유배지는 유사하였다. 모든 것이 가라앉는 죽음의 강 유사하에서 사람이나 동물들을 잡아먹고 사는 괴물이 되었다.

손오공이 원숭이이고 저팔계가 돼지라면 사오정은 무엇

일까? 사오정은 인간도 동물도 아닌 독특한 존재이다. 『서유기』를 살펴보자.

> 푸르냐 하면 푸르지도 않고, 검으냐 하면 검지도 않으며,
> 시커멓게 그늘진 잿빛 얼굴.
> 키가 큰 듯하면서도 크지 않고, 작은 듯하면서도 작은 키가 아니요,
> 맨발에 근육으로 똘똘 뭉쳐진 알몸뚱이 체구다.
> 번뜩거리는 두 눈빛은 흡사 부뚜막 아궁이 속에 켜놓은 쌍등이요,
> 길게 째진 아가리를 쩍 벌리니,
> 영락없이 돼지 잡는 도축장에 숯불 담은 화로와 같다.
> 불쑥 튀어나온 송곳니는 칼날처럼 예리하고,
> 시뻘건 더벅머리가 한마디로 봉두난발, 헝클어진 까마귀 둥지일세.
> 호통 치는 목소리가 뇌성벽력이요,
> 물결을 박차고 치닫는 두 다리가 휘몰아치는 돌개바람일세.(1권, 258~259쪽)

이 묘사만 봐서는 사오정의 진짜 생김새를 알아내기 어렵다. 푸르지도 않고 검지도 않고, 키가 큰 것도 아니고 작은 것도 아니다. 그렇지만 눈과 입이 크며 송곳니에 더벅머리를 하고 있다고 묘사된다. 『서유기』의 요마들이 대체로 동물과 인간이 결합된 형태인 데 반해 사오정은 이도 저도 아닌, 그래서 매우 독특한 캐릭터이다.

사오정은 『서유기』 내에서도 특별히 개성을 드러내지 않는다. 손오공이나 저팔계는 각자 원숭이나 돼지의 성격을 보이는데, 사오정에게는 그런 것이 없다. 또한 요마들과 싸우는 일도 별로 없다. 주로 싸움을 벌이는 쪽은 손오공이며 가끔 저팔계가 거들지만, 사오정이 직접 싸움에 뛰어드는 일은 드물다.

사오정의 역할은 오히려 삼장법사의 주변을 묵묵히 지키며, 개성 강한 손오공과 저팔계 사이에서 둘의 갈등을 조정하고 완화하는 데 있다. 실제로 손오공과 저팔계는 시도 때도 없이 다투었다. 저팔계는 삼장법사에게 손오공을 모함하는 말도 자주 하고, 자기 욕망을 채우기 위해 제멋대로 행동하다가 손오공과 충돌을 빚기도 했다. 이럴 때 중간에서 흔들림 없이 둘을 조정하는 역할을 하는 것이 사오정이었다.

　이야기의 막바지인 98회에는 능운도라는 외나무다리를 건너는 대목이 나온다. 능운도는 까마득하게 높은 곳에 놓여서 공포를 자아내는 다리였다. 삼장법사는 두려움에 벌벌 떨었고, 저팔계는 건너갈 수 없다고 벌렁 자빠졌다. 다리를 건너야 한다는 손오공과 건널 수 없다는 저팔계가 실랑이를 벌였다. 손오공과 저팔계가 양보하지 않고 버텼지만, 사오정이 나서자 손오공이 순순히 뒤로 물러났다. 오랜 여정을 거치며 사오정이 해왔던 역할이 효과가 있었음을 잘 보여주는 부분이다.

　그래서인지 삼장법사에게 자주 대든 손오공, 식욕과 성욕 때문에 자주 실수를 저지른 저팔계와 달리 사오정은 그 어떤 유혹에도 흔들리지 않았다. 삼장법사에 대한 충성심도 강했다. 즉 변함없는 마음으로 호위무사가 되어 삼장법사의 주위를 지켰다. 한편 요마가 나타나 곤란한 일이 발생하면, 곧바로 싸움에 뛰어드는 손오공이나 저팔계와 달리 차분하게 방법을 생각했다. 삼장법사에게 파문당해 집으로 돌아간 손오공을 데려오거나, 손오공조차 당해내지 못하는 요마들과 싸울 때 묘책을 내놓은 것도 사오정이었다.

사오정은 손오공처럼 요마들과 싸움을 벌이거나 저팔계처럼 음식을 구해 오고 짐을 짊어지는 일을 하지는 않았다. 대신 선산을 지키는 굽은 나무처럼, 사막을 횡단하는 낙타처럼 삼장법사의 곁에서 꿋꿋이 자기 자리를 지켰다. 다르게 표현하면, 손오공이 마음대로 날아다니면서 요마들과 싸움을 벌이고 저팔계가 제멋대로 행동한 것은 사오정이 중심을 지키고 있었기 때문이다.

이런 묵묵함과 세심함이 일행을 구한 적도 있었다. 98회에서 손오공 일행이 석가여래의 제자인 아난과 가섭에게 인사조로 예물을 챙기지 않아 무자진경을 받았다. 이 사실을 알아차린 것은 세심한 사오정이었다. 만약 그 백지 경전을 갖고 돌아갔다면, 고난에 찬 14년간의 여행이 물거품으로 돌아갈 뻔했다.

사오정이 묵묵하고 세심하게 삼장법사의 주위를 지킨 것은, 자기가 손오공이나 저팔계에 비해 전투 능력이 떨어진다는 것을 잘 알았기 때문이다. 즉 자기 능력에 맞는 일을 최선을 다해 수행한 것이다. 이것이 사오정의 뛰어난 점이다.

사오정의 신중한 성격은 장점이자 단점이었다. 손오공이나 저팔계와 달리 너무 신중하다 보니, 주변 사람들이나 독자들이 보기에 답답하고 수동적인 면도 많았다. 어려운 상황에 차분하게 대처하기도 하지만, 때로는 어쩔 줄 모르고 끊임없이 손오공과 저팔계의 처분을 기다리는 답답한 모습을 보인다. 이는 훗날 한국에서 '사오정 시리즈'로 이어진다.

한편 사오정의 이러한 성격과 역할 때문에 『서유기』에서 그에 대한 흥미로운 이야기가 만들어지지 못했다. 이야기 내에서 별로 주목받지 못한 탓에, 중국에서 『서유기』를 변형시킨 이야기가 많이 만들어졌음에도 여전히 사오정은 크게 눈에 띄지 않는다.

용마, 삼장법사를 태우다

경전을 찾아 서쪽으로 가는 길은 멀고도 험했다. 당시에는 지금처럼 자동차나 비행기 같은, 먼 길을 가기 위한 편리한 교통수단이 없었다. 걸어서 가거나, 말 같은 동물을 타고 갈 수밖에 없었다. 게다가 근두운을 타는 손오공이나 하늘에서 내려온 저팔계, 사오정과는 달리 삼장법사에게는 특별한 이동 능력이 없었다. 그렇다고 그 먼 길을 마냥 걸어갈 수도 없었다.

그런 삼장법사를 위해 관세음보살이 준비한 게 용마였다. 용마는 서해 용왕 오윤의 아들이었다. 그런데 불을 잘못 다뤄 궁궐에 간직해둔 야명주를 태우고 말았다. 이 사실을 안 서해 용왕이 자기 아들을 불효자로 고발했고, 옥황상제는 매를 3백 대 때린 다음 사형을 집행하라는 판결을 내렸다.

용마가 관세음보살을 만난 것은 매를 3백 대 맞고 사형을 기다릴 때였다. 용마가 우는 것을 발견하고 그에게 사연을 물은 관세음보살은 그대로 하늘로 올라가 옥황상제를 만났다. 그는 용마를 훗날 경전을 가지러 갈 자의 탈것으로 만들 것이라며 용서를 구했고, 옥황상제가 이를 받아들였다.

관세음보살은 용마에게 훗날 경전을 가지러 가는 사람이 나타나면 백마로 변신해 그를 태우라 명령했다. 죽음 앞에서 살아난 용마는 무슨 일이든 하겠다며, 물속에 몸을 숨긴 채 때를 기다린다.

따라서 삼장법사를 태우고 다니는 백마는 보통 말이 아니다. 평소에는 백마이지만, 위기가 닥치면 드물게 용으로 변해 삼장법사를 위해 싸움을 벌이기도 한다.

29~30회에서 손오공 없이 요마와 마주하게 된 삼장법사 일행은 위기에 처한다. 저팔계마저 요마를 당해내지 못하고, 급기야 사오정을 희생시켜 달아난다. 삼장법사와 사오정이 사로잡힌 절체절명의 상황에서 백마는 용으로 변신해 공중에서 요마와 싸우지만, 능력이 부족해 싸움에서 지고 다리에 부상을 당하고 말았다.

도망쳐 숨어 있던 저팔계를 찾아낸 용마는 손오공에게 도움을 청해야 한다고 주장한다. 저팔계는 달아나자고 했지만, 용마는 화과산으로 가서 손오공을 불러와 삼장법사와 사오정을 구해내야 한다고 눈물을 흘리며 말했다. 결국 저팔계는 용마에게 설득당해 화과산에서 손오공을 데려온다.

이렇게 용마는 원래 삼장법사를 등에 태우고 서쪽으로 가는 역할을 맡았지만, 상황이 위태로워지면 본래의 모습으로 돌아와 싸움을 벌이거나 사오정처럼 손오공과 저팔계 사이에서 중재 역할을 맡기도 했다.

진정한 영웅, 삼장법사

삼장법사는 겉보기에 서쪽으로 경전을 찾아 떠나는 일
행의 리더였다. 앞에서 보았듯 수륙대회 도중에 관세음보
살이 나타나 소승불교가 아니라 대승불교의 경전이 필요
함을 알려주었고, 그래서 현장이 서쪽으로 떠나게 되었기
때문이다.

그러나 목적지까지는 수많은 요마들이 삼장법사를 잡아
먹으려 기다리고 있었다. 이들과 맞서 싸우면서 손오공을
비롯한 세 제자가 본격적으로 활약하자, 삼장법사는 우유
부단하고 약한 모습으로 묘사된다.

삼장법사의 이미지는『서유기』의 이야기가 형성되는 과
정에서 크게 변화했다.『서유기』속 삼장법사의 모델이 된
당나라 승려 현장은 의지가 굳고, 홀로 인도에 갈 만큼 강
건한 인물이었다. 그러나 이야기의 형성 과정에서 그의 이
미지는 점차 약해졌다.

삼장법사가 약해진 가장 결정적인 이유로는 손오공의 등장이 꼽힌다. 이야기에 흥미를 더하려고 등장시킨 손오공이 이야기의 주도권을 차지하게 되면서, 강한 손오공과 대비되는 약한 이미지가 삼장법사에게 부여되었다. 뛰어난 술법을 부리는 손오공이 있는데, 굳이 삼장법사까지 강할 필요는 없었을 터다. 손오공의 역할은 약한 삼장법사를 보호하는 것이었다. 이렇게 손오공과 삼장법사의 역할이 또렷하게 나뉘었다.

『서유기』의 삼장법사 이야기는 앞에서 살펴본 것처럼 두 부분으로 나뉜다. 현장의 출생 내력과 서쪽으로 경전을 가지러 가게 된 사연이 나오는 전반부, 그리고 본격적으로 여행을 떠나는 후반부가 그것이다. 그런데 현장과 삼장법사의 모습은『서유기』내에서도 다르게 묘사된다. 분명 동일인인데, 서쪽으로 떠나기 전후가 크게 달라진다. 먼저 아직 삼장법사가 되기 전인 현장의 모습을 살펴보자.

늠름하고도 위풍당당한 얼굴빛이 어이 그리 준수한고. 〔중략〕명철하고도 지혜로운 모습을 또렷이 알아볼 수 있었다.(2권, 83, 86쪽)

그런데 삼장법사가 되어 서쪽으로 떠난 후부터 현장은 늘 요마들의 납치 공작에 시달리며 두려움에 벌벌 떨고, 번번이 요마들에게 끌려갔다. 어려움이 닥치면 매번 어쩔 줄 몰라 제자들을 찾았다. 처음 요마를 만났을 때 삼장법사의 모습은 이러했다.

> 삼장법사는 전전긍긍, 두려운 가운데에서도 곁눈질로 앞쪽을 훔쳐보다가, 저도 모르게 숨을 훅 들이켜고 말았다.〔중략〕삼장법사는 놀라 자빠지다 못해 까무러쳐서 죽을 지경이 되었다.(2권, 103, 106~107쪽)

이후에도 삼장법사는 유사한 경험을 되풀이했다. 이때 그를 묘사하는 '전전긍긍' '혼비백산' '죽을 지경' '곁눈질'과 같은 말에서 삼장법사의 모습을 상상해볼 수 있다.

고난으로 가득했던 여정을 마친 후, 마지막이 되어서야 삼장법사의 전생이 밝혀진다. 원래 그는 금선자라고 불리는 석가여래의 둘째 제자였다. 그러나 설법을 듣지 않고 가르침을 소홀히 했기 때문에 석가여래가 그를 인간으로 태어나게 한 것이다.

삼장법사는 벌을 받아 인간으로 태어났으나, 경전을 가져오는 큰 공덕을 세웠기 때문에 전단공덕불이라는 이름을 얻었다. 그리고 당나라로 돌아와서는 당 태종 이하 수많은 신하와 백성들로부터 어마어마한 환영을 받았다. 요마 앞에서 겁에 질려 벌벌 떨던 삼장법사가 고난을 극복하고 부처가 되어 돌아온, 이른바 '영웅의 귀환'이었다.

2
모험을 돕는 조력자들

『서유기』의 주요 인물은 단연 손오공 일행과 이들에게 대적하는 요마들로서, 이들은 이야기의 줄거리 전체를 끌고 간다. 하지만『서유기』에는 이들 외에도 수많은 인물이 등장한다. 하늘의 신들과 산신, 땅의 토지신, 바다와 저승의 여러 신을 꼽을 수 있다.

신이나 요마가 아닌 인간들도 많이 등장한다. 이들 가운데에서도 뛰어난 능력을 지닌 사람들이 있다. 이들은 약방의 감초처럼 이야기를 매끄럽게 하며, 자칫 손오공 일행과 요마의 대결이라는 반복적인 패턴에서 느껴질 수 있는 지루함을 막아준다.

도교와 불교의 신들: 옥황상제, 태상노군, 관세음보살

　옥황상제와 태상노군, 관세음보살은『서유기』에서 가장 자주 등장하는 신들이다. 옥황상제는 하늘을 다스리는 신 가운데 가장 높은 위치에 있는 신이다. 원래는 중국 민간 도교의 최고신이었으나, 한국 민간신앙에서도 최고신으로 받아들여졌다.

　옥황상제는 일반적으로 길고 흰 수염에, 용이 그려진 용 포를 걸치고 홀을 든 모습으로 묘사된다. 그러나 사상가 이자 도가의 시조로 인정받는 노자가 태상노군이라는 이름으로 중국 도교에 편입되면서, 도교의 하늘은 한동안 두 최고신이 지배하게 된다.

　사상으로서 도가와 종교로서 도교는 엄밀히 말해 다르 다. 도가가 인간의 무지와 타락으로 채워진 인위적인 삶보 다는 자연 그대로 무위의 삶을 살 것을 주창한 철학 사상이 라면, 도교는 신선 사상을 토대로 여러 종교와 사상을 수 용해 만들어진 민간 종교이다. 그러나 도교에 도가의 가르 침이 깊이 스며들면서 도가의 시조로 꼽히는 노자가 태상 노군이라는 이름으로 하늘 신의 자리에 올랐다. 훗날 멋진 수염으로 유명한 『삼국지』의 관우 또한 관제라는 이름으로 도교의 신에 편입되고 뒤이어 옥황상제와 태상노군을 밀어내며 오늘날 최고신으로 인정받고 있다.

　『서유기』에서 옥황상제는 이렇다 할 능력을 보여주지는 않는다. 오히려 화만 잘 내고 무능한 모습으로 묘사된다. 그는 손오공이 하늘을 뒤집어놓는 등의 사건을 벌일 때마다 회의를 주재하고 결정을 내리는 역할을 맡고 있다. 이에 반해 태상노군은 금강탁이나 팔괘로 등 여러 기이한 물건을 통해 자기 능력을 드러낸다. 하늘의 군대도 제압하지 못한 손오공을 금강탁으로 제압한 것도 태상노군이었다. 손오공이 요마들과 싸울 때 여러 차례 도움을 주는 인물이기도 했다.

　한편 관세음보살은 불교의 신이다. 왼손에 연꽃을 든 모습으로 묘사되며 자비로움을 상징한다. 마음을 다해 관세음보살의 이름을 부르면 곧바로 나타나 어려움을 구제해주는, 민중들이 가장 사랑한 보살 가운데 한 명이다. 보살은 구도자, 지혜를 가진 자 등의 의미를 지니는데, 깨달음을 얻은 부처나 여래와는 조금 다르다. 특히 대승불교에서 보살은 스스로 부처나 여래가 될 능력을 갖추었으나 이 세상에 머무르며, 어리석음과 어려움에 처한 중생을 돕고 구제하는 존재라는 의미가 강하다. 예를 들어, 절의 지장전(또는 명부전)의 주인은 지장보살이다. 그는 부처가 되는 것을 포기한 채, 지옥에 떨어진 중생을 구제하는 일을 맡았다.

관세음보살은 『서유기』 내에서 손오공을 제압한 불교의 최고신, 석가여래의 명령을 받아 서쪽으로 경전을 가지러 떠날 무리를 꾸리고 이끄는 매우 중요한 역할을 맡는다. 따라서 결정적인 위기가 닥칠 때마다 매번 등장해서 사건을 해결한다.

이승과 저승의 관리들: 위징과 최판관

위징과 최판관은 각자 이승과 저승에서 당 태종을 모시는 관리였다. 위징은 중국 당나라의 실존 인물로, 태종 때에 재상을 역임하며 역사서 등을 편찬하는 데 큰 공헌을 한 당나라 초기 공신이었다. 요마와 신이 나오는 허구의 이야기이지만, 실존했던 위징과 당 태종을 등장시켜 실제 있었던 일처럼 생동감 있게 꾸며냈다.

『서유기』에서 위징은 당 태종에게 과거 시험의 개최를 제안한다. 이 과거 시험에 삼장법사의 아버지인 진광예가 응시해 장원을 차지하고, 승상의 딸 은온교와 결혼해 현장이 태어난다. 즉 직접적이지는 않지만 현장이 세상에 태어나는 데 위징이 일조한 셈이다. 그는 경하 용왕의 목을 베어 당 태종을 저승에 다녀오게 한 인물이기도 하다. 저승 나들이를 다녀온 태종이 억울한 영혼들을 달랠 수륙대회를 기획하고, 이 수륙대회에서 현장을 서쪽으로 보내기로 한다는 점에서 위징은 두드러지지는 않더라도 큰 역할을 맡고 있다.

한편 최판관은 당 태종이 돌연 저승으로 갈 상황에 놓였을 때 위징의 연락을 받고 저승에서 태종을 안내하는 역할을 맡은 인물이었다. 원래 최판관은 죽어서 저승으로 온 사람이 생전에 어떻게 살았는지를 판단하는 저승의 관리였다.

황제나 대통령 같은 최고 권력자가 움직일 때는 수많은 사람이 수행하게 된다. 조선 시대의 왕은 특별한 행사가 아니면 궁궐 밖으로 나가는 것을 꺼렸는데, 백성들이 불편

해한다는 이유에서였다. 황제나 왕이 행차하면 경호나 편의를 위해 수많은 사람이 뒤따르면서 도로를 통제하는 등 백성들에게 불편을 주게 마련이었다. 왕이 굳이 변장해서 몰래 궁궐 밖으로 나간 것도 이 때문이었다.

그런데 창졸간에 수행원도 없이 저승에 가게 되면서, 당태종은 곤란한 상황에 놓일 수 있었다. 가령 억울하게 죽어 원한을 품은 귀신이 달려들거나, 재판 과정에서 곤란한 일들이 일어날 수 있었다. 최판관이 잘 안내한 덕분에 당태종은 무사하게 이승으로 돌아왔다.

신비로운 인물: 점쟁이 원수성과 수보리 조사

『서유기』에는 위징과 최판관 외에도 독특하고 뛰어난 인물들이 있다. 그 가운데에서도 가장 신비로운 인물이, 점쟁이 원수성과 수보리 조사이다.

앞서 살펴보았듯 점쟁이는 10회에 등장한다. 경하를 헤엄치던 야차가 물가를 지나다 나무꾼 이정과 어부 장초의 대화를 듣게 되었다. 얼큰하게 취해서 길을 가던 둘은 물고기를 많이 잡을 수 있게 점괘를 봐주는 점쟁이에 관한 이야기를 털어놓는 중이었다. 장초의 말에 따르면, 그 내용은 이렇다.

> "장안 성내 서문 거리에 점쟁이가 한 분 계시는데, 내가 날마다 금빛 잉어 한 마리씩 갖다드리면, 그 선생은 내 하루 운수를 점쳐주거든. 한데 그 점괘가 백발백중, 그가 시키는 방향과 위치대로 나가서 그물을 치거나 낚싯대를 드리우면 영락없이 걸려든단 말씀이야."(1권, 321쪽)

그 말을 들은 용왕은 노발대발하며 점쟁이를 찾아가려고 했으나, 신하들이 만류했다. 대신 그는 선비의 옷차림으로 점쟁이를 찾아갔다. 점쟁이의 이름은 원수성으로, 당시 흠천감 대정 벼슬을 지내던 원천강의 숙부로 소개된다. 원천강은 역사적인 인물로서 천문 지리와 음양술에 뛰어났으며, 중국 역사상 유일한 여황제 측천무후가 젖먹이였을 당시에 그를 두고 훗날 부귀영화가 극치에 이를 것이라 예언한 인물로 유명하다. 원수성에 대한 정보는 없으나,

이 점에서 원천강이 그의 롤 모델일 가능성이 크다.

점쟁이는 경하 용왕이 찾아오고 내일 내릴 비에 관해 묻자 아주 상세하게 대답한다.

> "내일 진시에 구름이 덮이고, 사시에는 천둥 번개가 치며, 오시에 비가 내리기 시작하여, 미시에 그칠 것입니다. 강우량은 도합 석 자 세 치에 마흔여덟 방울이 됩니다."(1권, 326쪽)

그러자 용왕은 비를 내리는 시각을 한 시각씩 늦추고 비의 양도 세 치 여덟 방울을 덜 내렸다가, 하늘의 명령을 어긴 죄로 목이 잘리고 만다.

점쟁이 원수성은 어떻게 하늘에서 일어나는 일을 알고 있었을까? 다음 날 비가 언제 얼마나 내릴지를 어떻게 알 수 있었단 말인가? 이에 대한 설명은 『서유기』에 따로 나오지 않는다. 다만 점쟁이 원수성은 이 세상에 기이하고 신비로운 사람들이 어딘가 숨어 있다는 것을 보여주는 사례이다.

또 한 명의 신비로운 인물이 수보리 조사이다. 수보리 조사는 손오공에게 술법을 알려준, 역시 신비로운 인물이다.

손오공은 행복한 시절을 보내다 문득 죽음에 대해 고민하게 되어, 오랜 모험 끝에 서쪽 바다를 항해해 서우하주라는 곳에 이르렀다. 그곳에서 손오공은 영대방촌산의 사월삼성동이라는 동굴에 한 신선이 산다는 말을 들었다. 사월삼성동으로 찾아간 손오공은 신선에게 넙죽 절하며 제자로 받아달라고 부탁했다.

손오공이 부모도 없고 이름도 없다고 말하자 수보리 조사는 그에게 손씨 성을 주고, 항렬에 따라 오공이라는 이름을 붙여주며 제자로 삼았다. 손오공은 수보리 조사의 밑에서 예의범절과 글쓰기, 경전 등을 배우고 사람이 살아가는 데 필요한 것들을 익혔다. 손오공의 습득 능력이 빠른 것을 안 수보리 조사는, 오래 사는 방법을 다른 제자들 몰래 손오공에게만 전수해주었다. 손오공은 3년 동안 열심히 수련했다. 그러자 수보리 조사는 5백 년 뒤 손오공에게 재앙이 찾아올 거라면서, 이를 막을 수 있는 72가지 술법과 구름 타는 법을 알려주었다. 영리한 손오공은 금세 그것을 몸에 익혔다.

그런데 다른 제자들에게 술법을 자랑하던 손오공의 모

습이 수보리 조사의 눈에 띄고 말았다. 수보리 조사는 크게 화를 내며 손오공을 쫓아냈다. 수보리 조사는 자기에게 술법을 배웠다는 것을 발설하면 피부를 벗기고 뼈를 부수겠다며 위협했다. 손오공은 무슨 일이 있어도 수보리 조사의 이름을 말하지 않겠다고 맹세했다.

『서유기』에서 수보리 조사는 은둔하며 사는 신선으로 묘사된다. 사는 곳은 궁궐보다 더 화려하고 으리으리했으나, 자기 이름이 세상에 알려지는 것을 꺼린 탓에 몰래 제자들을 키우며 살아가는 숨은 인물이었다. 그는 석가여래의 십대 제자 가운데 하나인 수부티Subhuti에서 유래한 인물로, 십대 제자란 제자들 가운데에서도 수행과 지혜가 특출한 이들을 가리켰다. 수부티는 공空의 뜻을 가장 잘 깨쳐 해공제일이라 불렸고, 남이 보지 않아도 수행을 게을리하지 않아 은둔제일이라고도 불렸다. 아마 수보리 조사가 신선처럼 숨어 사는 모습으로 묘사된 것은 이 은둔제일에서 유래했을 것이다.

4장 들어가다

요마는 서쪽으로 경전을 구하러 가는 손오공 일행 앞에 끊임없이 나타난다. 손오공 일행은 허들을 넘듯 매번 새로운 요마와 싸워야 했다. 게다가 그 허들은 크기와 생김새가 제각기 달랐다. 어떤 허들은 너무 높아 손오공 일행이 스스로 뛰어넘지 못하고 하늘의 신에게 도움을 청해야 했다.

도대체 이 많은 요마는 어디서 왔고 왜 손오공 일행을 괴롭힐까? 요마는 당연히 현실에 존재하지 않는 허구의 존재이다. 동아시아에서는 오랜 시간 존재한 동물이나 자연, 사물에 정기가 뭉쳐 요마(우리나라로 치면 도깨비)가 될 수 있다는 믿음이 예부터 있었다. 세월이라 부를 법한 긴 시간은 변화를 불러일으킨다. 중국의 대표적 고전소설 『백사전』에서 천 년을 산 뱀이 사람으로 변신해 사랑에 빠지듯, 오랜 시간이 지나면 뱀이 사람이 되고 빗자루가 도깨비로 변할 수 있다고 믿었다. 즉 요마는 무언가 변화한 것이라는 성격이 강하다.

서양의 요정이나 괴물은 조금 다르다. 이들은 무언가가 변했다기보다는, 원래부터 요정이나 괴물로서의 성격이 강하다. 그래서 유럽인들은 땅속에 난쟁이가 살고 숲에는 요정이 살며 굴과 광산에는 코볼트, 산에는 트롤이 산다고 믿었다. 이들은 변화한 존재가 아니라 고정된 존재이기에, 정해진 조건에서 벗어나면 대가가 따른다. 땅속에 사는 난쟁이는 햇빛을 쬐면 몸이 녹아내리기 때문에, 유럽 난쟁이들은 땅속이나 어둠 속에서 살아야 한다. 그러나 『서유기』 속 요마는 대체로 그들이 요마로 변하게 된 원인에 따라 능력이나 역할이 정해진다.

다시 『서유기』로 돌아가자. 『서유기』에서 삼장법사는 모두 81번의 재난을 당한다. 그래서 이를 따로 '서유기 81난'이라고 부르기도 한다. 이 재난은 손오공 일행을 요마가 막아서면서 벌어진다.

『서유기』의 재난은 삶에서 일어나는 수많은 고난과 그것을 넘는 과정을 상징한다. 이 소설에서 재난은 수련의 시간이자 깨달음을 얻는 길이었다. 그렇다면 살아가면서 겪게 되는 나쁜 길로의 유혹, 시기와 질투심, 탐욕 같은 부정적인 마음을 겉으로 형상화한 것이 요마이다. 즉 요마는 우리의 마음속과 우리 주변에 사는 존재라고 할 수 있다. 이런 요마와 싸워 이길 때, 달리 말해 마음의 평화를 얻을 때 '깨달은 자'(불교의 '부처'도 '깨달은 자'라는 뜻이다)가 되어 삶의 본질을 꿰뚫는 진정한 자유에 이르게 된다는 것이 『서유기』의 핵심이다.

『서유기』의 재난은 여러 형태로 분류된다. 먼저 재난의 성격을 기준으로 하면, 손오공 일행이 과거의 인연과 얽혀 벌어지는 재난(손오공의 의형제였던 화염산의 우마왕 등), 삼장법사의 원양진기를 빼앗으려는 여자 요마에 의한 재난(서량여국의 갈정여괴 등), 백성들을 괴롭히는 재해 형태의 재난(비구국 전진교 도사 등), 요마가 아닌 인간에 의한 재난(관음원 노승 등), 신들로부터 믿음을 시험당한 재난(평정산의 금각대왕과 은각대왕 등) 등으로 나눌 수 있다.

또 다른 분류법은 하늘과 땅으로 나누는 것이다. 『서유기』에는 앞서 보았듯 땅 위의 동물이나 자연물이 오랜 시간 후에 변해서 생긴 요마, 하늘에서 주인 몰래 보물을 훔쳐 땅으로 내려온 요마가 있다. 여기서는 이 분류에 따라 『서유기』 속 요마를 만나본다.

1

요마열전: 하늘에서 내려오다

영원한 하인보다, 자유로운 요마로

하늘에는 신들만 살고 있지 않았다. 신들이 편안하게 지내도록 보조하는 관리와 시종도 많았다. 실제로 손오공이 처음 하늘에서 맡은 필마온이라는 직책도, 옥황상제가 타는 말을 보살피는 하급 관리였다. 하늘도 인간 세상과 크게 다르지 않은 셈이다.

하늘의 신들이 평안하고 안락하게 지낼 수 있었던 것은 그들의 편의를 봐주는 많은 관리와 시종이 있기 때문이었다. 하늘에서 죽지 않고 영원히 사는 것은 얼핏 좋아 보일 수도, 부러울 수도 있다. 그러니 관리나 시종이 되어서라도 하늘에 살고 싶다고 생각할 수 있다. 다만 결정적인 문제가 하나 있다. 하늘의 시간은 영원하기에, 일단 관리나 시종이 되면 영원히 그 일을 해야 한다는 점이다. 누군가 어떤 신의 시종, 하인이 되었다면 그는 영원히 하인으로 살아야 한다. 신들은 자유로울지 모르지만, 밑에서 일하는 자들은 그렇지 않았다.

하루 이틀도 아니고, 죽지 않고 영원히 시종으로 살아야 한다면 과연 행복할까? 밖으로 드러내지는 않아도, 이에 불만을 품은 자들이 시종들 가운데 더러 있었다. 그중 일부는 주인의 보물이나 무기를 훔쳐서 몰래 지상으로 내려왔다. 이들은 훔쳐 온 보물이나 무기를 가지고 강한 요마가 되어, 하늘의 억압에서 벗어나 자유롭게 살았다.

이 요마들이 하늘에서 내려온 이유는 자유와 쾌락을 얻기 위해서였다. 하늘에서 신들의 하인이나 동물의 모습으로 정해진 틀에 맞춰 살다가, 아무도 간섭하지 않는 땅으로 내려와 자유로운 생활을 만끽했다.

한편 이들과는 달리 쫓겨난 자들도 있었다. 이들이 하늘에서 쫓겨난 건 하늘의 질서가 너무나도 엄격했기 때문이다. 저팔계, 사오정도 하늘에서 아주 사소한 죄를 저질러

벌을 받고 하늘에서 내쫓긴 존재들이었다. 이들은 땅으로 내려와 요마가 되어 사람을 해치거나 잡아먹으며 살아야 했다.

다만 이들에게는 관세음보살의 눈에 띄어 새로운 삶을 살 기회가 주어졌다. 죗값을 치르고 나면 교도소에서 나오듯, 이들은 하늘로 돌아갈 수 있었다. 즉 저팔계나 사오정은 땅으로 유배를 온 셈이었다.

이렇게 땅 위의 요마들은 크게 하늘에서 탈출한 요마, 죄를 지어 쫓겨난 요마로 구분된다. 이들 가운데 저팔계와 사오정처럼 벌을 받아 땅으로 쫓겨난 요마들은 구원받은 반면, 하늘에서 탈출한 요마들은 죽거나 다시 하늘로 끌려갔다. 또 하나 흥미로운 점은 하늘에서 내려온 요마들 대부분이 동물이라는 점이다.

벌을 받아 쫓겨난 소수를 제외하면, 요마는 대부분 지상의 자유로운 생활을 꿈꾸며 하늘에서 탈출한 존재들이었다. 이들은 비록 사람들을 괴롭히며 나쁜 일도 많이 저지르지만, 훗날 손오공이나 원래 주인에게 제압당해 하늘로 끌려갈 때는 불쌍함을 자아내기도 한다.

이제부터 하늘에서 땅으로 탈출한 요마들 먼저 하나씩

살펴보자.

황풍령 황풍대왕(20~21회)

삼장법사가 저팔계를 제자로 맞이한 후 처음으로 맞닥뜨린 요마는 황풍대왕이었다. 황풍대왕의 정체는 영산에서 도를 닦아 깨달음을 얻은 다갈색 담비였다.

담비가 요괴가 된 사연을 영길보살의 입을 통해 들어본다.

> "이놈은 원래 영취산 밑에서 도를 닦던 담비였소. 그런데 대뇌음사 유리 등잔에 담긴 맑은 기름을 훔쳐 먹는 통에 등잔 불빛이 흐려지고 말았소. 이놈은 죄를 짓고 금강보살〔절이나 불상을 지키는 불교의 수호신〕에게 붙잡힐까 두려운 나머지, 이곳으로 도망쳐 와서 정령이 되어 못된 짓을 저지르고 있었던 거요."(3권, 45쪽, 대괄호는 필자 추가)

황풍대왕은 황사 강풍을 일으키는 강력한 술법을 부릴 줄 알았다. 황풍대왕은 8백 리에 이르는 황풍령이라는 산의 황풍동에서 왕처럼 살고 있었다.

손오공 일행과 마주친 황풍대왕은 자기의 수하인 호선봉을 내세웠다. 호선봉은 호랑이 요마로서 가죽을 벗고 변신하는 능력이 있었다. 호선봉은 삼장법사를 납치했지만, 손오공과 싸움을 벌이다가 패해 도망치던 중 저팔계의 쇠스랑 공격을 받고 죽었다.

자기 수하가 살해되자 황풍대왕은 강력한 바람을 일으켜 손오공을 눈병에 걸리게 했다. 손오공은 신에게 눈 치료제를 얻어서야 나았다. 그는 황풍대왕의 강한 바람에 대적할 수 있는 것은 남쪽으로 3천 리 떨어진 소수미산의 영길보살밖에 없다는 말을 태백금성으로부터 들었다. 손오공은 곧장 영길보살을 찾아 떠났다.

영길보살을 만난 손오공은, 영길보살이 과거 석가여래의 명에 따라 황풍대왕을 제압한 후 그에게 산속에서 조용히 살라고 일러둔 이야기를 접한다. 그러니 황풍대왕은 영길보살의 말을 따르지 않고 삼장법사를 납치한 것이었다. 황풍대왕의 만행을 듣고 손오공과 함께 황풍령으로 간 영길보살은, 석가여래로부터 받은 비룡장을 황풍대왕을 향해 던졌다. 비룡장은 발톱이 여덟 개인 금룡으로 변해 황풍대왕을 사로잡은 뒤 바닥에 내동댕이쳤다. 그러자 황풍대왕은 담비로 변했고, 영길보살은 담비로 변한 황풍대왕을 잡아 서천으로 돌아갔다.

완자산 황포노괴(28~31회)

완자산에 사는 황포노괴의 정체는 하늘의 별자리 28수 중 하나인 규목랑이었다. 황포노괴는 소의 머리를 한 야차였다. 그는 보상국의 백화공주를 납치해서 아내로 삼았다.

삼장법사는 소나무 숲에서 황포노괴와 마주쳤다. 이때 손오공은 삼장법사에게 파문당해 화과산 수렴동으로 돌아간 상태였고, 저팔계는 먹을 것을 구하러 떠난 뒤 돌아오지 않았다. 사오정마저 저팔계를 찾으러 가는 바람에 삼장법사의 곁에는 아무도 없었다. 삼장법사는 황포노괴에게 붙잡혀 말뚝에 묶였다. 삼장법사를 찾으러 온 저팔계와 사오정이 황포노괴와 싸우는 사이, 황포노괴에게 납치당해 아내가 되어야 했던 보상국의 백화공주가 삼장법사를 풀어주었다. 공주는 보상국의 왕에게 보내는 편지를 써서 삼장법사에게 주었다. 그런 다음 저팔계와 싸우던 황포노괴에게 달려가, 꿈을 꾸었다며 스님을 풀어주어야 한다고 거짓말로 꾀를 내어 삼장법사를 풀어주게 했다.

한편 삼장법사가 가져온 편지를 본 보상국의 왕은 비로소 자기 딸이 황포노괴에게 잡혀 있다는 것을 알게 되었다. 딸을 구출하기 위해 왕이 궁리하는 사이, 저팔계는 수렴동으로 돌아간 손오공을 불러왔다.

손오공은 황포노괴와 싸우던 중, 손오공을 처음 보고 낯이 익다는 황포노괴의 말에 의문을 품었다. 손오공은 황포노괴가 하늘에서 내려왔을 것이라 추측하고 곧바로 하늘로 올라가, 최근 자리를 비운 자가 있는지 물었다.

조사해보니 별자리 28수 가운데 규성(이리)이 사라진 것을 알았다. 그제야 규성이 13일 동안 점호에 빠졌다는 게 밝혀졌다(하늘의 13일은 지상의 13년에 해당한다). 규성을 제외한 나머지 별자리 27수가 모두 출동해 동료였던 황포노괴, 즉 규성을 사로잡았다. 하늘로 끌려 올라간 규성은 땅으로 탈출한 이유를 밝혔다. 하늘에서 향불을 밝히던 옥녀를 사랑하게 되었으나, 하늘의 법도를 어지럽힐까 두려워 그녀를 먼저 보상국의 공주로 태어나게 한 다음, 자신은 황포노괴가 되어 땅으로 내려왔다는 것이다. 그러고 나서 공주를 납치해 13년 동안 함께 살았다. 규성은 사랑을 이루기 위해 땅으로 도망친 셈이었다.

이 말을 들은 옥황상제는 규성을 태상노군의 불목하니로 보내는 벌을 내렸지만, 공을 세우면 원래의 28수로 복귀시키겠다고 약속했다. 불목하니는 절에서 불을 다루는, 직위가 낮은 사람을 가리킨다.

평정산 금각대왕 은각대왕(32~35회)

금각대왕과 은각대왕은 형제 요마였다. 평정산 연화동에 자리 잡은 이들은, 원래 태상노군의 금화로와 은화로를 지키는 동자들이었다. 둘은 태상노군의 다섯 보물을 훔쳐서 땅으로 내려왔다. 다섯 보물이란 보검 칠성검, 무엇이든 묶을 수 있는 밧줄인 황금승, 불을 일으키는 부채 파초선, 이름을 불러 대답하면 저절로 빨려 들어가는 자금 홍호로와 양지옥 정병이었다.

이들이 사는 평정산을 손오공 일행이 지나게 되었다. 손오공은 저팔계를 정찰로 보냈는데, 저팔계가 은각대왕에게 발각되어 사로잡히고 말았다. 저팔계가 돌아오지 않자 하는 수 없이 앞으로 가던 삼장법사와 사오정까지 포로가 되었다. 술법으로 산을 움직일 수 있었던 은각대왕은 수미산, 아미산, 태산을 움직임으로써 손오공마저 사로잡았다.

산에 깔려 꼼짝도 할 수 없게 된 손오공은 고래고래 악을 쓰면서 애절하게 하소연을 늘어놓았다. 그 소리에 산신령과 토지신 등 주변의 신들이 모두 모여들었다. 이들은 자기들이 누르고 있던 것이 제천대성 손오공임을 깨닫고는 깜짝 놀라 머리를 조아리면서, 자기들은 산을 옮기는 주문에 따랐을 뿐이라며 살려달라고 빌었다.

금각대왕과 은각대왕이 산신령과 토지신까지 부린다는 사실을 안 손오공은, 교묘한 방법으로 형제 요마의 보물을 모두 빼앗았다. 손오공은 자금 홍호로에 갇혔다가 속임수를 써서 겨우 빠져나온 다음, 호리병을 가짜와 바꿔치기해 요괴를 병 안에 가두었다. 결국 은각대왕은 자금 홍호로에, 금각대왕은 양지옥 정병에 갇혔다.

다섯 보물은 모두 원래 주인인 태상노군에게 돌아갔다. 태상노군은 병에서 금각대왕과 은각대왕을 꺼냈다. 그 과정에서 이 둘의 정체가 손오공 일행을 시험하려고 남해보살(관세음보살)이 세 차례나 태상노군에게 부탁해 파견한 것이었음이 밝혀진다. 손오공은 어이없다는 표정을 짓는다.

오계국 전진교 도사(36~39회)

오계국 전진교 도사의 정체는 불교에서 최고로 지혜로운 신인 문수보살이 타고 다니던 푸른색 털을 가진 사자였다. 청모사자로도 불리는 이 사자는 전진교 도사의 모습을 하고, 당시 가뭄으로 고통받던 오계국을 찾아가 기우제로 비를 내리게 했다. 그렇게 왕과 의형제를 맺을 정도로 친해지자 왕을 우물에 빠뜨려 살해한 다음, 자기가 왕으로 변신해서 왕 노릇을 하고 있었다.

죽은 오계국 왕은 삼장법사의 꿈에 나타나 자기의 원한을 풀어달라고 애원했다. 꿈 이야기를 듣고 심상치 않음을 느낀 손오공이 사정을 알아보니, 꿈 이야기는 사실이었다. 다행히 오계국 왕의 시신이 썩지 않게 우물의 용왕이 조치해놓았고, 손오공은 태상노군에게 약을 얻어와 왕을 되살려냈다.

한편 왕으로 둔갑한 청모사자는 자기 앞에 나타난 손오공과 싸우다가 불리해지자 재빨리 삼장법사로 변신했다. 손오공 앞에 나타난 두 삼장법사를 두고 손오공은 주변의 산신령과 토지신을 모두 불러내 누가 진짜인지 가리려 했으나, 청모사자 또한 변신에 뛰어났기에 실패했다.

이때 저팔계가 빙글빙글 웃으며, 삼장법사만 아는 긴고주를 외어보게 하면 되지 않겠냐고 제안했다. 긴고주를 외자 손오공은 머리가 터질 듯이 아팠다. 그래도 진짜 삼장법사를 가려낼 수는 있었다.

손오공이 전진교 도사를 때려죽이려 할 때였다. 하늘에서 문수보살이 나타나 요마의 본모습을 드러내는 조요경을 비추자 전진교 도사는 사자로 되돌아왔다. 손오공은 그동안 자기가 왕을 살려내고 이리저리 뛰어다니느라 고생했다며, 반면 사자는 밤마다 많은 비빈과 동침했을 것이라 투덜거렸다. 그러자 문수보살이 껄껄 웃더니, 사자는 거세했기에 그럴 리 없었을 거라며 손오공을 달랜다. 그리고 청모사자가 땅 위로 내려오게 된 사연을 들려준다.

오계국의 왕은 평소 승려에게 시주를 잘하기로 유명했다. 이 소문을 들은 석가여래는 문수보살을 보내, 그를 금신나한으로 삼을 수 있는지 시험해보았다. 문수보살은 평범한 승려의 모습으로 왕을 찾아가 듣기에 거슬리는 말을 했다. 이에 왕이 승려로 변신한 문수보살을 사흘간 물속에 가둬두었다. 그러자 석가여래가 청모사자를 보내, 오계국 왕을 우물 속에 3년 빠뜨리는 벌을 내렸다(지상의 3년은 하늘의 사흘에 해당한다). 앞뒤 사정을 설명한 문수보살은 청모사자를 타고 서쪽으로 돌아갔다.

통천하의 영감대왕 물고기(47~49회)

영감대왕은 물고기가 변한 요마였다. 이 물고기는 원래 관세음보살이 연화지에서 기르던 금붕어로, 매일 머리를 내밀고 관세음보살의 경을 듣다가 어느 날 깨달음을 얻었다. 그리고 얼마 후 물이 범람한 틈을 타서 연화지를 탈출

했다. 금붕어는 깨달음을 통해 신통력을 얻었기 때문에 땅으로 내려와 무서운 요마가 되었다. 영감대왕의 무기는 잎이 아홉 조각 달린 구리쇠 몽치였다. 그는 날래게 구리쇠 몽치를 휘둘러 적을 제압했다.

영감대왕은 해마다 마을 사람들에게 어린아이를 제물로 바칠 것을 명령했다. 이를 안 손오공과 저팔계가 소년과 소녀로 변장해 제물인 척 영감대왕을 유인해 싸움을 벌였다. 영감대왕은 깊은 강 속으로 달아났다. 강 속에서 그는 손오공 일행이 얼어붙은 강을 건널 때를 기다렸다가, 발밑의 얼음을 깨뜨려 삼장법사를 납치했다. 손오공이 삼장법사를 구출하려고 했지만 영감대왕의 군대에 의해 실패하면서, 하는 수 없이 관세음보살을 찾아갔다.

관세음보살은 손오공과 함께 통천하를 찾아가 대나무로 만든 바구니를 물속에 넣었다. 그리고 주문을 외자, 영감대왕으로 변했던 금붕어가 대바구니에 걸려 올라왔다. 손오공은 재빨리 물속으로 들어가 삼장법사를 구하고, 다시 길을 재촉했다.

금두동의 독각시대왕(50~52회)

독각시대왕은 금두산 금두동에 사는 요마였다. 원래는 태상노군이 타고 다니는 푸른 털의 소였는데, 소를 지키는 동자가 깜빡 잠든 사이에 태상노군의 무기인 금강탁을 훔쳐서 땅으로 내려왔다. 금강탁은 태상노군이 손오공을 제압할 때 사용한 무서운 무기로, 하얀빛이 나와 상대의 무기를 빼앗을 수 있었다. 독각시대왕은 다른 주요 무기로 점강창이라는 긴 창을 자유자재로 썼다.

금두산에서 요사스러운 기운을 느낀 손오공은 술법으로 테두리를 치고, 자신이 동냥하러 다녀올 테니 그 밖으로 나오지 말라고 신신당부했다. 이를 어긴 나머지 일행이 독각시대왕에게 사로잡히자 손오공은 홀로 독각시대왕과 싸웠다. 그러나 금강탁의 신통력에 의해 여의봉을 빼앗긴 채 허둥지둥 도망쳐야 했다. 한편 손오공은 싸우던 중에 자신의 내력을 독각시대왕이 아는 것을 보고, 그가 하늘에서 내려온 요마임을 알아차렸다. 손오공은 곧장 하늘로 올라가 도움을 청했다. 이에 도교의 장군 나타태자가 이끄는 하늘의 군대가 내려와 독각시대왕과 싸움을 벌였으나, 이들마저 모두 무기를 빼앗기고 말았다.

이들을 구해준 것은 석가여래였다. 석가여래는 태상노군에게 도움을 청하라고 손오공에게 알려주었다. 손오공으로부터 독각시대왕에게 상대의 무기를 빼앗는 무기가 있다는 말을 들은 태상노군은, 그 무기가 금강탁이라는 것과 독각시대왕의 정체가 평소 자신이 타고 다니던 소임을 알아차렸다.

손오공은 다시 금두동으로 찾아갔다. 입구에서 독각시대왕의 화를 돋워 밖으로 유인한 다음, 잽싸게 한 대 때리고 도망쳤다. 독각시대왕은 화를 참지 못하고 손오공을 뒤쫓았다. 그때 태상노군이 고함쳐 독각시대왕을 원래 모습으로 변하게 했다. 태상노군은 금강탁을 회수하고, 푸른 털의 청우를 타고 하늘로 돌아갔다. 손오공 일행은 다시 길을 떠났다.

독적산의 갈정여괴(54~55회)

원래 모습은 전갈인 여자 요마이다. 천축의 대뇌음사에

살면서 석가여래의 설법을 듣기도 했으나, 석가여래의 손가락을 찌른 죄로 금강역사에게 잡혀서 독적산에 살게 되었다. 따라서 갈정여괴는 하늘에서 내려온 여느 요마들과는 달리, 자발적으로 내려온 요마는 아니었다.

이 여자 요마는 독적산 비파동을 거처로 삼았는데, 손오공 일행이 삼장법사와 혼인하겠다며 따라오는 서량여국의 여왕을 뿌리치고 떠나려 할 때 삼장법사를 납치하고는 자기와 결혼하자고 졸랐다. 손오공은 삼장법사를 구하려고 이 여자 요마와 싸움을 벌였지만, 머리에 독침을 맞아 심한 두통에 시달려야 했다. 묘일성관에게 도움을 청하라는 관세음보살의 조언을 듣고, 하는 수 없이 손오공은 묘일성관과 함께 독적산으로 다시 찾아갔다.

묘일성관의 원래 모습은 수탉이었다. 묘일성관이 수탉으로 변해서 울음소리를 내자, 본모습이 전갈이었던 갈정여괴는 그 자리에서 쓰러져 죽고 말았다. 전갈의 천적이 수탉이기 때문이었다.

소뇌음사의 황미대왕(65~66회)

황미대왕은 가짜 절인 소뇌음사를 짓고 스스로 부처 행세를 한 요마다. 원래는 미륵보살의 악기를 연주하던 황미동자였는데, 삼월삼짇날 미륵보살이 잠깐 자리를 비운 사이에 후천대라는 무명 자루와 경을 치던 방망이인 낭아봉 등을 훔쳐서 요마가 되었다.

황미대왕은 삼장법사 일행이 온다는 말을 듣고, 부처로 변해 삼장법사를 유인해서 잡아먹으려 했다. 손오공은 곧장 황미대왕의 정체를 간파했으나, 황금 바라에 갇혀 빠져나오지 못했다. 하늘의 별자리 신인 28수까지 동원하고서야 겨우 빠져나올 수 있었다.

또 황미대왕에게는 사람들을 가둘 수 있는 무명 자루가 있었다. 손오공도 황미대왕의 무명 자루에 갇힐 뻔했지만 근두운을 타고 겨우 빠져나왔다. 무명 자루에 갇힌 것은 손오공만이 아니어서, 손오공을 도우러 온 소장태자와 사대신장도 무명 자루에 갇히고 말았다.

어쩔 줄 모르던 손오공 앞에 미륵보살이 나타났다. 미륵보살은 황미대왕의 정체를 알려주며, 가까운 참외밭으로 그를 유인해 오라고 일렀다. 손오공은 황미대왕을 약 올려 참외밭으로 유인하면서 자신은 얼른 참외로 변신해 숨었다.

참외밭에 온 황미대왕은, 참외밭의 주인으로 변장한 미륵보살에게 참외를 하나 달라고 요구했다. 미륵보살은 아무 말 없이 손오공이 변신한 참외를 따서 황미대왕에게 주었다. 황미대왕의 몸속으로 들어간 손오공은 그동안 쌓인 분노를 풀겠다는 듯 여의봉을 마구 휘둘렀다. 황미대왕은 아픈 배를 움켜쥐고 그 자리에 쓰러져 데굴데굴 굴렀다.

한참 뒤에 미륵보살이 손오공에게 그만하면 됐다고 말리자 그제야 황미대왕의 몸에서 손오공이 튀어나왔다. 미륵보살은 황미동자를 거두어 돌아가고, 손오공은 황미대왕의 소굴을 모두 부순 후 다시 길을 떠났다.

기린산의 새태세(68~71회)

해치동에 사는 새태세는 원래 관세음보살이 타고 다니던 금빛 털의 늑대였다. 이 늑대 요마는 목동이 잠깐 조는 사이에 쇠사슬을 이빨로 끊고, 방울이 셋 달린 자금령을 몰래 훔쳐서 땅으로 내려왔다. 세 방울은 각각 화염과 모래, 검은 연기가 뿜어져 나오는 신비한 물건이었다.

주자국의 왕은 심한 병환에 시달리고 있었다. 손오공은 동해 용왕까지 불러서 왕의 병을 치료해주었다. 그런데 그 병은 왕후가 새태세에게 납치된 이후에 생긴 것으로, 그 후에도 번번이 궁녀를 요구해 여럿이 새태세에게 잡혀 있음을 알게 되었다. 손오공은 왕의 병을 완치시키기 위해 왕후와 궁녀들을 되찾아오기로 한다.

손오공은 새태세와 싸웠으나, 연기를 내뿜는 자금령 때문에 애를 먹는다. 연기에 약한 손오공은 맞서 싸우지 않고 계략을 쓴다. 잡혀 있던 금성왕후로 하여금 새태세에게 연회를 베풀어 술을 먹이면서 마음을 풀어놓게 한 것이다. 그사이 손오공이 술법으로 벼룩, 빈대, 이를 요마에게 보냈다. 이들에게 물려 몸이 가려워진 요마가 옷을 벗자, 시녀로 변신한 손오공이 요마의 옷과 방울을 받아 들고는 방울을 가짜로 바꿔치기했다. 다음 날 손오공이 새태세에게 싸움을 걸어 막 때려죽이려던 순간, 관세음보살이 나타나 손오공을 만류하며 사연을 들려주었다.

주자국의 왕이 왕자였을 때의 일이다. 그가 사냥 중에 금실 좋은 공작새 한 쌍을 활로 쏘아 한 마리는 죽고 한 마리는 상처를 입었다. 그런데 그 공작새는 서방불모가 몸소 낳은 병아리들이었다. 서방불모는 금실 좋은 공작새들을 떨어뜨려놓은 벌로, 왕자가 등극한 후 3년 동안 사랑하는 아내와 헤어져야 하는 벌을 내렸다. 마침 벌을 정하는 자리에 늑대가 있었다. 늑대는 그 이야기를 듣고 주자국으로 찾아왔다.

손오공은 새태세를 때려죽이고 싶었으나 관세음보살의 부탁에 포기한다. 그는 자금령을 돌려달라는 관세음보살의 말에 무슨 말인지 모르겠다고 시치미를 떼었다가, 관세음보살이 긴고주를 외겠다고 하자 곧바로 꼬리를 내리고 자금령을 내놓는다.

사타령의 세 요마(74~77회)

사타령의 세 요마는 8백 리에 이르는 사타령의 사타동에 살았는데, 이들은 엄청난 힘을 지닌 요마들이었다. 첫째 요마는, 그를 물리치기 위해 과거 옥황상제가 10만에 이르는 하늘의 군대를 보낸 적이 있었다. 그런데 첫째 요마가 입을 크게 벌려 10만 대군을 한꺼번에 삼키려 하자 이들이 놀라 도망쳤다. 혹시라도 따라올까 봐 하늘의 문을 닫을 정도로 첫째는 무서운 요마였다. 한편 둘째 요마는 코가 길었는데, 그 코에 걸리면 무쇠도 부서질 만큼 힘이 셌다. 셋째 요마는 대붕금시조라 불리며, 몸을 움직이면 바람을 타고 순식간에 먼 곳으로 이동할 수 있는 힘이 있었다. 그가 가진 음양이기병이라는 병은, 그 속에 사람을 넣으면 금세 녹아내리게 하는 무기였다.

이들은 매우 강한 요마였다. 그래서 태백금성이 노인의 모습을 하고 나타나 사타령의 세 요마와 그 부하들에 관해 설명해주며 조심하라는 장면이 나온다.

> "이 산 이름은 '8백 리 사타령'이라 부르오. 산속에 사타동이란 동굴이 하나 있는데, 그 안에 요사스런 마귀 세 마리가 살고 있소. 〔중략〕 그 마귀 두목들은 신통력이 아주 굉장한 놈들이라오, 어디 그뿐인 줄 아시오? 이 사타령 남쪽 고개에 부하 요괴들이 5천 마리 있고, 북

쪽 고개에도 5천 마리, 동쪽 길목에 만 마리, 서쪽 길목
에 또 만 마리, 순찰을 돌고 보초를 서는 놈들만 헤아
려도 4, 5천 마리, 동굴 문을 지키는 파수병이 만 마리,
〔중략〕이 많은 요괴들이 사타령 8백 리 일대에 쫙 깔
려서, 그저 지나가는 사람들만 전문으로 잡아먹고 산단
말이오!"(8권, 142~143쪽)

이 말을 들은 저팔계는 와들와들 떨며 똥을 지렸다. 손오
공은 노인이 태백금성인 것을 눈치채고, 옥황상제가 병사
를 보내주게끔 힘써달라고 노인에게 부탁했다.

한편 이들 요마 패거리는 삼장법사를 잡아먹기로 모의
해 손오공 일행과 맞붙는다. 이들의 힘이 워낙 강했기 때문
에 손오공 일행은 당해내지 못하고, 결국 천축의 영취산에
있는 석가여래에게 도움을 청했다. 석가여래는 문수보살,
보현보살까지 대동하고 사타령으로 가서 요마들을 제압했
다. 알고 보니 첫째는 문수보살이 타고 다니는 청모사자,
둘째는 보현보살이 타는 코끼리였으며, 셋째는 황금빛 날
개를 지닌 독수리 대붕금시조였다. 첫째와 둘째는 원래의
주인이 나타나자 곧바로 굴복했지만, 대붕금시조는 끝까

지 저항하다가 석가여래의 법력에 의해 제압되었다.

대붕금시조는 석가여래와 함께 지내면서 고기는커녕 먹을 것도 부족한 가난뱅이로 사는 게 싫어 요마가 되었다며 볼멘소리를 냈다. 요마가 된 이후로는 고기도 무궁무진하게 먹고, 아무 근심 없이 살고 있다고 말하자 석가여래는 불교 행사가 있을 때마다 가장 먼저 먹게 해주겠다며 달랜다.

비구국 청화동의 흰 사슴(78~79회)

이 흰 사슴은 원래 남극수성이 타고 다니던 동물이었다. 남극수성은 인간의 수명을 관장하는 신으로, 노인성이라고도 불린다. 남극수성과 짝을 이루는 신이 북두칠성이다. 북두칠성은 죽음을 관장한다.

흰 사슴은 주인인 남극수성이 동화제군과 바둑을 두고 있을 때 남극수성의 지팡이를 훔쳐서 땅으로 내려와 요마가 되었다.

흰 사슴은 여우를 아름다운 여자로 변신시켜 자기 딸로

삼았다. 그리고 비구국의 왕을 찾아가 딸의 아름다운 자태로 왕을 홀렸다. 예쁜 여자로 변신한 여우에게 홀린 왕은 국가의 모든 일을 여우의 아버지인 사슴 요마에게 맡겼다. 왕의 장인, 즉 국구가 된 사슴 요마는 불로장생을 위해서는 아이들의 심장과 간을 달여 먹어야 한다고 왕에게 건의해, 아이들을 거위 채롱 속에 넣어 길렀다.

손오공이 주변의 산신령과 토지신에게 명령을 내려 아이들을 구해내는 한편 도망친 사슴 요마를 잡으려 할 때, 남극수성이 나타나 요마를 살려달라고 손오공에게 요청한다. 손오공과 저팔계는 아름다운 여자로 변한 여우를 잡아 죽인 다음 비구국의 왕에게 보여주고, 백성들에게는 아이들을 돌려준다.

함공산의 지용부인(80~83회)

지용부인은 원래 금빛이 나는 쥐로, 금비백모노서정이라고도 불렸다. 금비백모노서정은 3백 년 전 요정이 되어 영취산 뇌음사에 몰래 숨어들어서는, 제단에 올린 향화를 뜯어먹고 보촉을 갉아먹었다(그로 인해 반은 관세음보살이 되었다고 해서 '반절관음'이라고도 불린다). 석가여래가 이를 옥황상제에게 고해 탁탑이천왕과 나타태자가 이 요정을 잡게 되었다. 당시 둘은 석가여래의 분부에 따라 요정을 죽이지 않고 풀어주었는데, 금비백모노서정은 그 은혜를 갚고자 탁탑이천왕의 수양딸이 되어 그를 아버지로 모셨다. 그러다 자신이 사는 곳을 삼장법사가 지나간다는 것을 알고, 지용부인으로 변신해 그를 납치한 다음 결혼해서 원양진기를 얻으려 했다.

손오공은 지용부인과 싸우다가 이 사실을 알았다. 손오공이 탁탑이천왕과 나타태자를 부르자, 둘이 함공산 주저동을 찾아와 지용부인을 원래 모습으로 되돌린 후에 데려갔다.

죽절산의 구령원성(90회)

구령원성은 묘암궁의 태을구고천존이 타고 다니던 머리 아홉 달린 사자였다. 그는 자신을 지키던 동자가 잠들었을 때 몰래 땅으로 도망쳐 내려왔다.

구령원성은 그 일대 사자 요마들의 할아버지이기도 했다. 손자인 황사대왕의 구원 요청을 받아, 인근의 모든 사자 요마 손자들을 이끌고 손오공 일행과 맞서 싸운다. 이 과정에서 삼장법사가 구령원성에게 사로잡히자 화가 난 손오공은 황사대왕을 살해했다. 이번에는 반대로 구령원성이 크게 분노했다.

구령원성은 아홉 머리로 손오공의 여러 공격을 손쉽게 막아냈다. 그뿐만 아니라 손오공을 제외한 나머지 일행을 모두 사로잡았다. 곤란한 지경에 처한 손오공에게 도움을 주러 나타난 것은 역시 태을구고천존이었다. 그가 주문을 외자 본모습을 드러낸 구령원성은 순순히 주인에게 굴복했다.

천축국의 가짜 공주(93~95회)

천축국 가짜 공주의 정체는 하늘의 광한궁에서 선약을 찧던 옥토끼였다. 옥토끼는 하늘에서 도망칠 때 약을 찧던 절굿공이를 들고 내려왔다. 천축국으로 내려온 옥토끼는 공주를 납치해 들판에 버려두고는 공주 행세를 했다.

옥토끼가 천축국의 공주를 납치한 것은 그녀에게 원한이 있었기 때문이다. 18년 전, 옥토끼는 월궁의 소아선녀가 자신을 손바닥으로 때린 것에 앙심을 품었다. 한편 소아선녀는 옥토끼를 때린 업보 탓에 문득 인간 세상이 그리워져, 땅으로 내려와 천축국의 공주로 태어났다. 원한을 잊지 않은 옥토끼는 1년 전 옥관의 황금 자물쇠를 몰래 열고 땅으로 내려왔다.

공주 행세를 하던 옥토끼는 공주의 신랑을 뽑는 행사에서 삼장법사를 택해 결혼하려 했다. 그러나 손오공에게 정체가 탄로나, 원래 주인인 태음성군에게 이끌려 하늘로 돌아간다.

2
요마열전: 땅에서 나타나다

자연에서 태어난 자유의 몸

땅 위의 요마들은 하늘에서 내려온 요마들과 달리 자연스럽게 땅에서 생겨난 존재들이었다. 열여덟 가지 사건으로 등장하는 이 스물다섯 요마들은 땅 위의 동식물이 오랜 세월을 살다가 정령이 되어 힘을 갖게 된 경우가 대부분이다. 손오공도 돌의 정기를 받아 태어났다는 점에서 굳이 따지자면 이 부류에 들어간다.

이들은 주인이 따로 없이 원래부터 자기가 가진 힘을 사용해서 자유롭게 살던 요마들이었다. 삼장법사가 서쪽으로 경전을 가지러 가며, 그를 잡아먹으면 더 큰 힘을 얻을 수 있다는 소문을 들은 이들은 삼장법사를 잡으러 모습을 드러낸다.

쌍차령의 인장군과 웅산군, 특처사(13회)

쌍차령의 인장군과 웅산군, 특처사는 삼장법사가 여정을 시작하고 처음으로 만난 요마였다. 이들은 각자 호랑이, 흑곰, 들소가 변한 요마였다. 인장군이 삼장법사 일행을 사로잡고, 인장군의 동굴을 찾아온 웅산군과 특처사가 먼저 삼장법사의 두 시종을 잡아먹었다.

셋을 한꺼번에 다 먹지 말고 남겨두었다가 다음에 먹자는 웅산군의 말에 이들은 삼장법사를 묶어서 한쪽에 두었다. 삼장법사는 세 요마와 그의 부하들이 시종을 잡아먹는 모습을 보면서 자빠지다 못해 까무러쳐서 죽을 지경이었다. 새벽녘쯤 넋이 반쯤 나간 삼장법사에게 노인으로 변신한 태백금성이 나타나, 그를 묶은 밧줄을 풀어주었다.

그 후 삼장법사는 유백흠이라는 사냥꾼의 도움을 받아 목숨을 건지고, 비로소 든든한 동반자인 손오공을 제자로 맞아들인다.

흑풍산의 흑풍괴(16~17회)

흑풍괴는 곰의 정령으로, 삼장법사가 손오공을 제자로 받아들인 이후 처음으로 만난 요마였다. 삼장법사 일행은 관세음보살을 모시는 관음선원에서 하룻밤 묵게 되었는데, 삼장법사가 관세음보살에게 선물로 받은 황금빛 나는 승복 금란가사를 그곳의 나이 많은 승려가 탐냈다. 승려는 삼장법사가 묵는 선방을 불태워 그를 죽인 뒤, 금란가사를 가로챌 음모를 꾸몄다. 그러나 이를 눈치챈 손오공이 불을 피하는 벽화조를 하늘에서 빌려 와 삼장법사는 화마를 가까스로 피했다. 손오공은 바람을 불어넣어 불길을 관음선원 전체로 옮겨붙게 했다. 이 혼란 속에서 정작 금란가사를 차지한 것은, 관음선원으로 번진 불을 영문도 모른 채 끄러 온 흑풍괴였다. 삼장법사는 도둑맞은 금란가사를 손오공이 찾아오지 못하자 긴고주를 외어 그를 고통에 빠뜨렸다. 화를 내며 남해로 관세음보살을 찾아간 손오공은,

덕분에 금란가사를 도둑맞았다며 관세음보살에게 따지다가 되레 심하게 혼나야 했다. 금란가사를 되찾게 도와달라는 손오공의 하소연에, 관세음보살은 손오공과 함께 흑풍산으로 향했다.

관세음보살은 흑풍괴를 죽이는 대신, 그에게 굴레를 씌우고 자기가 머무르는 보타락가산의 수산대신으로 삼아 데리고 갔다. 흑풍괴는 곰의 요마였다가 신의 부하가 된 매우 독특한 경우이다.

백호령의 시체 요마(27회)

시체 요마는 백호령에 사는 요마로, 깊은 산에서 나오는 정기를 받아 신통력을 얻은 강시였다. 시체 요마는 손오공이 먹을 것을 구하러 자리를 비운 틈을 타, 열여덟 살쯤 되어 보이는 소녀로 변신해 음식이 든 바구니를 들고 삼장법사에게 접근했다.

저팔계를 비롯해 배가 고팠던 일행은 소녀로 변한 시체 요마에게 쉽게 홀렸다. 그러나 돌아온 손오공은 바로 시체 요마의 정체를 알아차렸다. 손오공이 시체 요마를 때려죽이려 하자 시체 요마는 낌새를 채고, 술법을 사용해서 시체를 하나 남겨두고 달아났다.

먹을 것이 사라지자 저팔계가 화를 내며 손오공이 사람을 죽였다고 소리를 질렀다. 바구니에 든 게 음식이 아니라 구더기와 두꺼비라는 것을 보여줘도, 소녀와 음식을 한꺼번에 잃은 저팔계는 화가 치밀었다. 그래서 손오공이 일부러 소녀를 죽이고 도술을 써서 멀쩡한 음식을 구더기와 두꺼비로 바꿔놨다고 삼장법사에게 거짓말했다. 화가 난 삼장법사는 긴고주를 외웠다. 머리가 부서지는 고통을 겪던 손오공은 집으로 돌아가라는 삼장법사에게 사람 노릇을 하게 해달라며 빌었다. 마음이 약한 삼장법사는 손오공을 용서했다.

얼마 지나지 않아 시체 요마는 여든 노파로 변신해서 삼장법사 일행 앞에 다시 나타났다. 노파를 본 저팔계는 그녀가 틀림없이 열여덟 살 소녀의 어머니일 거라고 말했다. 손오공은 여든 노파가 열여덟 소녀를 낳을 수는 없다고 지적하며, 한눈에 노파가 요마임을 간파했다. 손오공이 여의봉으로 노파를 때려죽이려 하자 이번에도 요마는 시체를 그대로 두고 달아났다. 뒤이어 요마가 노인의 모습으로 한 번 더 나타났다. 손오공은 그 지역 토지신과 산신 들을 불러서 더 도망치지 못하게 포위한 다음에 요마를 때려죽였다.

시체 요마의 정체는 뼈다귀였다. 뼈다귀가 오랜 세월 산의 정기를 받아 요마로 변한 것이었다. 그러나 시체 요마의 죽음으로 모든 것이 끝난 건 아니었다. 저팔계의 모함 때문에 삼장법사는 손오공이 하루에 세 명이나 죽였다고 오해했다. 삼장법사는 손오공을 파문하고 쫓아냈다. 손오공은 억울했지만 고지식한 삼장법사는 받아들이지 않았다.

손오공은 예전에 살던 화과산 수렴동으로 돌아갔다. 삼장법사는 저팔계와 사오정을 데리고 길을 떠났다. 그리고 손오공 없이 요마를 만나, 큰 고난을 겪게 된다.

고송간의 홍해아(40~42회)

성영대왕이라고도 불리는 홍해아는 호산 고송간의 화운

동에 살던 요마였다. 홍해아는 화염산에서 3백 년 동안 수행해 삼매진화의 신통력을 얻었다. 삼매진화란 홍해아가 주문을 외면 코, 입에서 물로 끌 수 없는 불과 연기를 토해 내는 뛰어난 능력이었다. 게다가 과거 손오공과 의형제를 맺은 우마왕의 아들이기도 했는데, 그 역시 삼장법사를 납치해서 잡아먹으려 했다.

홍해아는 손오공 일행이 오는 것을 보고는 일곱 살배기 어린애로 둔갑해 스스로 나무에 몸을 묶고 구조를 요청했다. 홍해아는 도적들이 가족을 습격해 자기를 나무에 묶어 두고 갔다며 눈물로 호소했다. 한눈에 그가 요마임을 알아차린 손오공은 홍해아의 호소를 무시한 채 그대로 지나가려 했다. 그러나 홍해아가 요마임을 알지 못한 삼장법사는 일행에게 홍해아를 풀어줄 것을 명령했다.

손오공은 삼장법사의 말을 거역할 수 없어 풀어주었지만, 틈을 봐서 홍해아를 죽이려 했다. 그러나 홍해아는 선수 쳐서 삼장법사를 납치해 달아났다.

토지신으로부터 요마의 정체를 들은 손오공은, 의형제인 우마왕의 아들이라 문제가 쉽게 풀릴 것으로 기대했다. 그는 저팔계와 함께 화운동으로 향했다. 그러나 홍해아는 손오공의 말을 무시하고, 다섯 대의 화차를 끌면서 삼매진화로 둘을 쫓아냈다.

손오공은 홍해아의 불을 끄기 위해 용왕들에게 부탁해 하늘에서 비를 내리게 했다. 그렇지만 전혀 효과가 없었다. 오히려 이 과정에서 손오공은 거의 죽을 뻔했다. 저팔계의 응급조치로 목숨을 구한 손오공은 이번에는 우마왕으로 변신해서 찾아갔지만, 홍해아의 생년월일을 맞히지 못해 다시 도망쳐야 했다.

손오공은 결국 홍해아를 당해내지 못했다. 관세음보살에게 도움을 청한 손오공은, 관세음보살이 일러준 대로 짐짓 패한 척하며 도망쳤다. 신난 홍해아는 보타산까지 따라왔다. 그는 승리에 도취해 부처나 보살이 앉는다는 연화대에 앉았다. 그 순간 연화대가 칼로 변해, 홍해아의 두 다리를 칼날로 찔렀다. 연화대는 관세음보살이 천강도 서른여섯 자루로 만든 덫이었다.

꼼짝도 할 수 없게 된 홍해아는 머리와 두 팔, 두 다리가 묶이고 말았다. 관세음보살은 홍해아를 설득했고, 결국 마음을 고쳐먹은 홍해아는 불교에 입문해 선재동자가 되었다. 훗날 이를 안 우마왕이 손오공에게 크게 화를 내면서 싸움이 벌어진다.

흑수하의 타룡(43회)

타룡은 흑수하에 살던 악어 정령이었다. 흑수하는 검은
빛을 띠는 강으로, 손오공 일행이 이곳에 다다라 건널 방
도를 논의하고 있었다. 이때 뱃사공이 나타나 삼장법사를
건너게 해주겠다고 했다. 그 뱃사공은 타룡이 변장한 것이
었다. 타룡은 저팔계와 삼장법사를 태운 채 그대로 사라
졌다.

물속에서 힘을 발휘하는 사오정이 삼장법사를 구하러
갔지만, 그마저 타룡을 이겨내지 못했다. 타룡을 물 밖으
로 유인해 처치하려던 손오공에게, 흑수하의 하신은 타룡
이 서해 용왕의 조카라는 것을 알려준다. 손오공은 서해
용왕에게 도움을 청해, 서해 용왕의 아들 마앙태자가 군대
를 이끌고 타룡을 제압해 삼장법사를 구해냈다.

차지국의 세 도사(44~46회)

20년 전 차지국에는 오랜 기간 비가 내리지 않아서 사람들이 고통받은 과거가 있었다. 당시 왕은 승려들의 제안을 받아들여 제사를 지냈으나 그럼에도 비는 내리지 않았다. 그때 차지국의 왕 앞에 세 도사가 나타났다. 세 도사는 비를 내리게 하고, 왕에게 불교 대신에 도교를 믿으라고 권유했다. 왕은 그 말에 따라 불교의 승려들을 핍박하고, 강제로 노동을 시켰다.

차지국에 도착한 손오공 일행은 승려들이 강제로 일하는 것을 보고 화를 냈다. 그것이 세 도사 때문에 일어난 일임을 알게 된 손오공 일행과 세 도사 사이에 결국 싸움이 벌어졌다.

사실 세 도사의 정체는 요마들이었다. 호력대선은 누런 털을 가진 호랑이 요마였고 녹력대선은 하얀 털을 가진 사슴 요마, 양력대선은 양 요마였다.

손오공과 세 요마는 술법 내기를 벌이기로 했다. 호력대선과는 잘린 머리를 다시 붙이는 내기를 했다. 먼저 손오공이 성공하자 호력대선 또한 머리를 잘랐다. 그때 손오공이

술법으로 사냥개를 만들어 호력대선의 머리를 물고 달아
나게 했다. 호력대선은 머리 없는 호랑이가 되어 죽었다.

두번째 내기는 배를 갈라서 창자를 꺼내는 것이었다. 녹
력대신이 배를 가르자 손오공이 술법으로 굶주린 매를 만
들어서 창자를 채어가게 했다. 녹력대선은 창자 잃은 사슴
이 되어 죽었다.

세번째는 기름을 펄펄 끓여 그 속에서 목욕하는 내기였
다. 양력대선은 기름이 끓는 탕에 들어가 여유 있게 헤엄
쳤다. 손오공이 기름을 만져보니 얼음처럼 차가웠다. 손오
공은 얼른 북해 용왕을 불러내어 양력대선이 지닌 냉룡의
힘, 즉 세상을 차갑게 만드는 차가운 용의 힘을 빼앗았다.
양력대선은 능력을 잃고 기름 솥에서 흐물흐물 녹아내리
고 말았다.

해양산의 여의진선(53회)

여의진선은 해양산 파아동에 사는 요마였다. 여의진선
은 낙태천의 물을 독점하고, 이를 빌미 삼아 인근에 있는

서량여국의 사람들로부터 재물을 거두며 살고 있었다. 낙태천의 물이 중요한 건, 자모하의 물을 마시면 임신하게 되니 이를 되돌리려면 낙태천의 물을 마셔야 했기 때문이다. 여의진선은 손오공의 의형제인 우마왕의 동생이기도 했다. 그는 여의구라는 쇠 갈고리를 무기로 즐겨 썼다.

손오공 일행이 서량여국을 지나던 중, 자모하의 물을 마신 삼장법사와 저팔계가 임신하고 말았다. 손오공은 곧바로 낙태천으로 달려가 여의진선에게 물을 나눠 달라고 부탁했다. 그러나 홍해아 사건으로 손오공에게 악감정을 품고 있던 여의진선은 손오공의 부탁을 단호하게 거절했다. 손오공은 꾀를 내서, 여의진선에게 싸움을 걸어 둘이 한창 싸우는 동안 사오정이 몰래 낙태천의 물을 떠서 삼장법사와 저팔계에게 먹이게 했다.

화과산의 가짜 손오공(57~58회)

삼장법사가 가장 싫어하는 것은 살생이었다. 그런데 어느 날 손오공이 일행을 노리던 산적 무리를 죽이자, 살생을 했다고 크게 화를 내며 손오공을 파문해 쫓아냈다.

이렇게 손오공이 쫓겨나고 저팔계와 사오정이 음식과 물을 구하러 자리를 비운 사이, 귀가 여섯 개 달린 원숭이인 육이미후가 손오공으로 감쪽같이 변장해 삼장법사 앞에 나타났다. 그런데 육이미후는 여느 요마들과 달리 삼장법사에게는 관심이 없었다. 그는 홀로 있던 삼장법사를 기절시킨 뒤 스승의 봇짐을 챙겨 사라졌다. 스승의 봇짐을 챙겨 사라진 손오공이 가짜임을 알지 못한 채, 손오공이 수렴동으로 돌아갔을 것이라 짐작한 사오정은 봇짐을 되찾으러 수렴동으로 향했다. 그곳에서 손오공 행세를 하던 육이미후는 홀로 서쪽으로 가서 경전을 가져오겠다고 나섰다. 자기가 경전을 가지고 오면 사람들이 떠받드는 유명인이 되리라 생각한 것이다.

진짜 손오공과 가짜 손오공은 한바탕 싸우면서도 진짜를 가리기 위해 관세음보살이 있는 보타산과 하늘, 저승을 차례로 찾아갔다. 이들은 누가 진짜 손오공인지 알 수 없을 정도로 똑같았다. 육이미후가 가짜 손오공 행세를 할 수 있었던 것은, 이름처럼 여섯 개 달린 귀로 세상의 모든 소리를 듣는 능력이 있었기 때문이다. 둘은 석가여래를 찾아가 누가 진짜인지 가려달라고 재판을 요청했다. 결국 가짜 손오공인 육이미후의 정체가 탄로 났다. 육이미후는 벌레로 변신해 도망치다가 손오공에게 맞아 죽었다.

화염산 철선공주와 우마왕(59~61회)

우마왕은 몸의 길이가 1,000장(3,300미터), 키가 800장(2,666미터)에 이르는 거대한 황소 요마이다. 우마왕은 홍해아의 아버지이자, 철선공주라는 이름의 나찰녀를 첫째 아내, 적뢰산의 옥면공주(만년 묵은 여우왕, 만년호왕의 딸)를 둘째 아내로 두었다. 또 서량여국의 여의진선은 그의 동생이었다. 우마왕은 요마 가족을 이룰 정도로 세력이 강한 요마였다. 그래서 과거 손오공을 비롯해 세상의 내로라하는 요마들과 의형제를 맺기도 했다.

한편 우마왕의 첫째 아내인 철선공주 나찰녀는 화염산에서 남서쪽으로 1,450리쯤 떨어진 취운산 파초동에 살았다. 나찰녀는 "구리쇠 머리통에 강철 같은 몸뚱이를 지녔다 하더라도 단번에 녹아서 국물이 되어버"(6권,

287~288쪽)리는 화염산의 불길마저 꺼뜨릴 수 있는 부채, 파초선을 갖고 있었다. 철선공주 나찰녀가 파초동에 살게 된 것은, 우마왕이 옥면공주를 둘째 아내로 삼자 화가 나서 화염산으로부터 멀리 떨어진 곳을 거처로 삼았기 때문이다. 이 사실을 알게 된 손오공은 파초동으로 철선공주 나찰녀를 찾아가, 서쪽으로 가려면 화염산을 지나야 하니 파초선을 빌려달라고 부탁했다. 그러나 철선공주 나찰녀는 홍해아의 원수였던 손오공을 만나자 분노를 터뜨리며 싸움을 걸었다. 이들은 저녁나절까지 치고받고 싸웠다.

전세가 불리해지자 철선공주 나찰녀는 파초선을 휘둘러 손오공을 멀리 날려 보냈다. 손오공은 하룻밤을 날아서 과거 황풍대왕의 일로 안면을 튼 영길보살이 사는, 취운산으로부터 5만여 리 떨어진 소수미산까지 도달했다. 손오공에게 사정을 들은 영길보살은 바람을 가라앉히는 비약인 정풍단을 그에게 주었다.

다시 파초동으로 돌아온 손오공은 전날처럼 철선공주 나찰녀를 동굴 밖으로 불러냈다. 둘은 다시 싸움을 벌였다. 이번에도 철선공주 나찰녀는 다시 파초선을 휘둘러 손오공을 날리려 했지만, 손오공은 미동도 하지 않았다. 놀란 나머지 동굴로 들어가 문을 단단히 걸어 잠근 철선공주 나찰녀는 이내 피로를 느껴 시녀에게 차를 가져오라고 명령했다. 이때 손오공이 벌레로 변해서 차 속으로 들어갔다. 이를 알지 못한 철선공주 나찰녀가 차를 마셨고, 배 속으로 들어간 손오공이 난리를 쳤다. 결국 손오공에게 파초선을 빌려주기로 약속했지만, 그 파초선은 가짜였다.

화염산으로 돌아온 손오공은 그곳의 불을 끄기 위해 가짜 파초선을 부쳤다. 그러자 불길이 오히려 거세지면서 손오공은 다리털이 온통 그을렸다. 우마왕에게 부탁해보라는 토지신의 권유를 들은 손오공은 석뢰산으로 향했다. 그러나 도중에 둘째 부인 옥면공주와 시비가 붙는 바람에, 자기의 두 아내를 괴롭혔다는 우마왕과 결국 큰 싸움이 벌어졌다. 게다가 우마왕은 아들 홍해아가 선재동자가 된 것에 크게 분노했다.

아무리 술법이 뛰어나다고 해도 손오공은 우마왕을 당해낼 수 없었다. 여기에 옥면공주가 거느린 응원군까지 우마왕 편에 합세했으나, 토지신과 그가 거느린 음병, 마침 그곳을 지나던 여러 신, 석가여래의 부탁을 받고 하늘에서 파견된 사대금강, 탁탑이천왕을 비롯한 하늘의 군병까지 동원된 후에야 우마왕을 사로잡을 수 있었다.

우마왕이 사로잡히자 철선공주 나찰녀는 저항을 포기하고 순순히 파초선을 내주었다. 파초선으로 불을 끄고 나서 손오공은 철선공주 나찰녀에게 파초선을 돌려주었다. 철선공주 나찰녀는 올바르게 수행하겠다는 말을 남긴 채 사라졌다.

난석산의 구두부마(62~63회)

구두부마는 벽파담 만성 용왕의 사위로, 머리가 아홉 개 달린 새 요마였다. 만성 용왕과 구두부마는 금광사의 탑 꼭대기에 안치된 사리 불보와 영산의 구엽영지초를 훔쳐 벽파담에서 키웠다. 마침 그곳을 지나던 손오공 일행과 시비가 붙으면서, 이들이 삼장법사를 납치해 갔다. 손오공은 삼장법사를 구출해낼 궁리를 하다가 때마침 사냥을 나온 이랑진군과 만났다. 이들은 함께 벽파담에서 용왕 일가와 싸움을 벌였다. 싸움 끝에 구두부마는 큰 상처를 입은 채 날아서 도망치다 죽고, 구두부마를 돕던 용왕의 가족들 또한 용왕의 아내 외에 모두 죽임을 당했다.

형극령의 나무 요마들(64회)

형극령은 8백 리나 되는 길이 온통 울창한 가시덤불로 뒤덮인 고개였다. 또한 형극령에 있는 목선암에는 천 년 이상 살면서 정령이 된 나무 요마가 많아, 지나가는 사람들을 홀렸다. 이 형극령을 지나던 손오공 일행 앞에 토지신으로 변신한 요마가 나타나 삼장법사를 납치해 갔다.

삼장법사는 자기를 납치한 요마와 시를 주고받으며 즐겁게 시간을 보냈다. 그런데 뒤이어 아름다운 여자로 변신한 은행나무 요마가 나타나서는 밤을 함께 보내자고 졸랐다. 그럴 수 없다며 삼장법사가 실랑이를 하는 사이 날은 밝고 요마도 사라졌다. 그제야 손오공은 주변 나무들이 요마임을 알아차렸다.

그 말을 들은 저팔계가 쇠스랑으로 나무를 내려치자 붉은 피가 흘러나왔다. 삼장법사는 나무들을 불쌍히 여겨 이들을 살려달라고 간청했으나, 손오공은 이들이 앞으로도

지나가는 사람을 홀릴 것이라며 거절했다. 신이 난 저팔계
는 쇠스랑으로 나무를 찍고 베어 모두 죽였다.

칠절산의 붉은 구렁이(67회)

칠절산의 붉은 구렁이는 커다랗고 붉은 뱀 요마로, 칠절
산의 타라장에 숨어 살면서 사람들을 괴롭혔다. 이 요마는
닭이나 돼지, 사람까지 가리지 않고 삼켰다.

손오공 일행은 이곳을 지나다 요마 이야기를 듣고, 요마
를 퇴치하기로 했다. 요마의 눈은 큰 등잔만 했다. 그러나
손오공이 말을 걸어도 아무 대답도 하지 않았다. 이 요마
가 아직 인간도에 들어서지 못해 인간의 말을 하지 못한다
는 것을 알아차린 손오공은 그를 때려죽였다.

반사령 칠녀괴(72회)

칠녀괴는 반사령의 반사동에 살며, 배꼽에서 실을 토해

내는 신통력이 있는 일곱 거미 요마였다. 이들은 자기들에게 사로잡힌 벌이나 등에, 잠자리 같은 곤충들을 양자나 부하로 삼았다.

칠녀괴 또한 삼장법사를 잡아먹기 위해 그를 사로잡아 동굴 속에 숨겼다. 이를 안 저팔계가 쳐들어가서는 칠녀괴를 제압하는 듯했으나, 오히려 꽁꽁 묶이는 처지가 되었다. 손오공은 털로 매를 만들어서 칠녀괴의 부하들을 모두 잡아먹게 했다. 칠녀괴는 손오공 일행의 힘이 센 것을 알고, 선배인 백안마군에게 도움을 청하러 도망쳤다. 손오공은 묶여 있던 삼장법사를 풀어주고 다시 길을 나섰다.

황화관 백안마군(73회)

백안마군은 황화관의 주인이자 거미 요마들의 선배로, 지네 요마였다. 그에겐 양 겨드랑이 밑에 달린 천 개의 눈에서 빛을 내뿜어 상대를 마비시키는 신통력이 있었다.

백안마군은 후배인 칠녀괴로부터 손오공에게 곤욕을 치렀다는 말을 듣고, 마침 황화관에 머무르던 손오공 일행에게 독이 든 차를 대접한다. 중독된 삼장법사는 다시 납치되고 만다. 독을 눈치채고 차를 마시지 않은 손오공은 분노해 칠녀괴를 모두 죽였다. 그러나 백안마군의 몸에서 나오는 금빛 광채 때문에 싸움에서 패해 도망쳐야 했다.

도망치던 손오공은 상복 입은 아낙네를 마주쳤다. 이 아낙네는 마침 용화법회에 다녀오다 손오공의 딱한 사정을 보고 변신해 나타난 여산노모였다. 자운산의 비람파보살에게 도움을 받으라는 여산노모의 조언을 듣고, 손오공은 비람파보살을 찾아갔다. 비람파보살은 바늘 하나로 백안마군을 제압했다. 다만 백안마군을 죽이는 대신, 그를 데리고 가서 자기 집을 지키는 문지기로 삼았다.

손오공은 비람파보살이 묘일성관의 어머니라는 말을 듣고 비람파보살의 원래 모습이 암탉임을 짐작했다. 지네가 가장 무서워하는 동물은 바로 닭이었다.

은무산 남산대왕(85~86회)

남산대왕은 표범 요마였다. 남산대왕은 은무산 연환동

에 살면서, 쇠로 만든 절굿공이를 무기로 사용했다. 남산대왕은 손오공 일행을 하나씩 유인해 서로 떨어뜨린 다음, 재빨리 삼장법사를 납치했다. 남산대왕은 삼장법사를 구하러 온 손오공과 저팔계에게 가짜 삼장법사의 머리를 던져주어 그것을 본 둘이 절망해 스스로 물러나게끔 하려 했으나, 오히려 둘의 분노를 키우고 말았다. 남산대왕은 손오공과 저팔계에게 맞아 죽었다.

표두산 황사 요마(88~90회)

황사 요마는 표두산 호구동에 사는, 금빛 갈기털을 지닌 사자 요마였다. 옥화현에 도착한 손오공 일행이 성에서 무예를 뽐내자, 이에 탄복한 왕자들이 손오공 일행의 제자가 되어 무예를 전수받길 원했다. 황사 요마는 옥화성의 왕자들에게 무예를 가르치는 데 쓰려고 대장간에 모아둔 손오공의 여의봉과 저팔계의 쇠스랑, 사오정의 항요보장까지 모두 훔쳐 갔다. 손오공 일행이 무기를 되찾기 위해 요마들을 찾아 나섰으나 황사 요마는 도망쳤고, 대신에 동물

정령인 여러 부하를 사로잡았다. 황사 요마는 싸움에서 패하자 할아버지인 구령원성에게 도움을 청했다. 이렇게 해서 구령원성과 손오공 일행이 싸움을 벌였다. 그 사이에 황사 요마는 살해되고 말았다.

청룡산의 세 요마(91~92회)

청룡산 현영동에 사는 세 요마는 벽한, 벽서, 벽진대왕이라 불리는 코뿔소 요마들이었다. 이들은 오랫동안 수행해 신통력이 매우 뛰어났다. 이들은 석가여래의 모습으로 변장하고, 금평부의 자운사에서 향유를 걷어 갔다.

손오공 일행이 자운사에 이른 것은 정월 대보름 전날이었다. 연등 행사가 치러지는 가운데, 이번에도 향유를 걷으러 온 세 요마는 다른 요마들과 마찬가지로 삼장법사를 납치했다. 손오공은 삼장법사를 구하기 위해 세 코뿔소 요마들과 싸웠지만, 이길 수 없었다.

손오공은 하늘로 올라가 옥황상제에게 도움을 청했다. 옥황상제는 28수의 별자리 장군들 가운데 목木 자 항렬을 지닌 코뿔소의 천적 별자리인 각목교(이무기), 두목해(사냥개), 규목랑(이리), 정목한(들개)을 파견해서 세 요마를 제압했다.

통천하의 자라 요마(99회)

통천하의 자라 요마는 손오공 일행이 서쪽으로 가다가 곤란을 겪었을 때 도움을 준 요마였다. 자라 요마는 자기가 삼장법사에게 부탁한 것을 그가 들어주지 않았다는 것에 화를 내며 손오공 일행을 곤경에 빠뜨렸다. 자라는 자기의 수명을 알고 싶어 삼장법사를 통해 석가여래에게 묻고자 했는데, 삼장법사가 그만 깜빡 잊은 것이다.

자라 요마는 손오공 일행을 태우고 통천하를 건너다가 그대로 물속으로 들어가고 말았다. 이 때문에 손오공 일행과 경전이 물속에 빠졌다. 이 고난은 손오공 일행이 경전을 가지고 떠난 뒤에, 이들이 겪어야 할 고난이 하나 모자란 것을 깨닫고 급하게 만들어낸 것이었다.

5장 세상을 담다

沙僧

어느 시인의 말처럼 우리의 눈은 작아도 하늘을 온통 담을 수 있다. 『서유기』 역시 우리의 눈처럼 동아시아에서 태어나고 자란 다양한 문화를 고스란히 담고 있다. 특히 문화의 뼈대를 만든 종교와 그 세계관이 밑바닥에 두툼하게 깔려 있다.

여러 종교 가운데 가장 두드러지는 것은 단연 불교다. 그도 그럴 것이, 서쪽으로의 모험을 처음 기획한 이가 석가여래인 데다 모험의 목적 또한 불교의 경전을 가지러 가는 것이며, 모험이 끝난 뒤엔 삼장법사를 비롯해 제자들까지 깨달은 자(부처)가 된다. 이 점에서 『서유기』에 드리워진 불교의 그림자가 짙다고 할 수밖에 없다. 애초에 삼장법사와 손오공 일행이 서쪽으로 향한 것도, 불교가 중국의 서쪽인 인도에서 발원한 까닭이다.

그런데 『서유기』에도 나오지만 인도의 불교와 중국의 불교 사이에는 한 가지 큰 차이가 있다. 인도의 불교가 개인의 구원을 지향하는 것과 달리, 유학의 전통을 지닌 중국은 개인보다는 많은 사람의 구원을 추구한다. 이는 한마디로 소승과 대승의 차이다. 우리나라에는 중국에서 구체화한 대승불교가 전해졌다.

『서유기』에는 불교의 인과응보 사상 외에도 도교가 지향하는 불로장생, 유교에서 강조하는 충효 사상이 곳곳에서 눈에 띈다. 특히 요마들은 대부분 도교와 관련된다. 그러니 『서유기』는 여러 종교의 합작으로 탄생했다고 할 수 있다. 실제로 소설 곳곳에서 도교와 불교의 신들이 손을 잡는 흥미로운 상황이 자주 연출된다.

이 장에서는 이런 종교적 배경에 더해 삼장법사와 손오공, 저팔계, 사오정에 반영된 문화적 요소도 살펴본다. 손오공은 손에 쥔 여의봉과 머리에 쓴 긴고아를 통해 자유와 구속이라는 삶의 가장 본질적인 지점을, 저팔계는 탐욕과 풍요의 상징으로서 돼지의 종교·문화적 특성을 보여준다. 한편 남성적인 모습에서 여성적인 모습으로 이미지가 변화한 삼장법사에게서는 남성성과 여성성을 둘러싼 동아시아 문화를 엿볼 수 있다.

이런 종교적인 배경과 문화적인 요소는 비중과 정도의 차이는 있겠으나 오늘날에도 여전히 유효하다. 이는 『서유기』가 여전히 매혹적인 이유이기도 하다.

1
서쪽에서 전해진 불교

손오공 일행이 서쪽으로 간 이유

'서유기'는 서쪽으로 여행한 기록이라는 뜻을 지니고 있다. 그런데 왜 하필이면 서쪽일까? 이런 의문은 당시에도 있었던 모양이다. 소설『서유기』가 완성된 명나라 때, 동쪽으로 여행한 기록이라는『동유기』는 물론이고 각각 북쪽과 남쪽으로 여행하는『북유기』『남유기』도 있었으니 말이다. 이들 가운데『서유기』만 남아 우리에게 널리 읽힌 것은,『서유기』의 뿌리가 된『대당서역기』에서도 알 수 있듯 서쪽이 지닌 상징 때문이었다. 동쪽과 북쪽, 남쪽은 그저『서유기』에서 방향만 달리했을 뿐이다.

그렇다면 왜 서쪽일까? 답은 간단하다. 불교의 발상지인 인도가 중국의 서쪽에 있기 때문이다. 앞에서 본 것처럼, 현장이 인도로 가려 했던 이유와도 관계가 있다. 『서유기』에서는 부처가 있는, 여행의 최종 목적지인 영취산이 서쪽에 자리하고 있다. 이로부터 연상할 수 있는 것이 불교의 낙원인 서방정토이다. 서방정토는 극락정토라고도 불리며 역시 먼 서쪽에 있다. 서방정토는 부처와 보통 사람들이 함께 살아가는 이상적인 공간이다.

  손오공 일행이 서쪽으로 향하게 된 사연도, 관세음보살이 수륙대회 도중에 나타나 소승불교가 아니라 대승불교가 필요하다고 말하며 대승불교의 경전을 찾아 서쪽으로 가야 한다고 한 데서 비롯했다. 이때 관세음보살의 지적에서 주목할 것은, 소승불교와 대승불교가 서로 다르다고 한 것이다. 뒤에 불교라는 말이 공통으로 붙어 있어서 소승불교와 대승불교는 크게 다를 것 같지 않지만 둘은 제법 차이가 난다. 특히 인도와 중국의 지리적·문화적 차이가 잘 드러나는 중요한 키워드라는 점에서, 한 발짝 들어가 살펴볼 필요가 있다.

깨달은 자의 종교, 불교의 탄생

잘 알려진 것처럼 불교는 인도에서 태어났다. 당시 인도에는 브라만교가 사람들의 마음을 채우고 있었다. 브라만교는 북쪽에서 인도로 내려온 아리안족에 의해 태어났다.

브라만교에 따르면, 브라흐마 신은 세계를 창조하고 비슈누 신이 세계를 유지하며 시바 신은 파괴한다. 이 과정을 한 번 거치는 데 43만 2천 년이 걸린다고 한다. 창조신 브라흐마가 눈을 뜨면 세상이 창조되고, 눈을 감으면 세상이 파괴된다. 이렇게 브라흐마가 눈을 깜빡이는 과정이 이미 수없이 되풀이되었다. 그 무한한 시간은, 100년도 채 못 사는 인간은 짐작조차 할 수 없다.

중국과 인도는 넓은 땅을 가진 나라이다. 중국이 주로 공간을 통한 과장이 심하다면, 인도는 시간을 통한 과장이 심하다. 이런 이유 때문인지 인도는 유난히 수학에 강한 나라이다. 1, 2, 3, 4……와 같은 아라비아숫자 역시 인도에서 발명되었다.

브라만교는 주로 귀족과 왕족 중심의 종교였다. 무엇보다 여전히 인도에 남아 있는 고유한 신분제도인 카스트제도도 만들어낸 종교였다. 더구나 교리도 어려웠다. 문제는, 어려워도 너무 어려워서 일반 사람들은 무슨 말인지 잘 이해하기 힘들었다는 것이다. 그런데 세월이 흘러 인구가 늘어나고 상업 활동이 활발해지면서 보통 사람들도 세상에 관심이 생기자, 세상에 대해 깊게 고민하고 쉽게 설명해주는 사람들이 나타났다. 이들을 흔히 사문沙門이라고 부른다. 사문들은 여러 가지로 세상에 대해 고민했고, 제나름대로 세상을 설명하고 이해하는 해법을 내놓았다.

이들 사문 가운데 한 명이 석가족의 왕자였던 싯다르타였다. 싯다르타는 네 번에 걸쳐 성 바깥으로 나가서 병든 환자와 늙은 사람, 죽은 사람 들을 목격한 후 삶에 대한 깊은 고민을 시작했다. 그는 결국 집을 떠나 다른 사문처럼 고행하면서 깨달음을 얻고자 했으나, 6년간의 수행 끝에 굶으며 고행하는 것이 의미 없음을 알았다. 그는 보리수나무 아래에서 깨달음을 얻었다. 흔히 부처란 '깨달은 사람'을 가리키는 말로, 싯다르타는 부처가 되었다.

부처는 이후 불교에서 죽음을 가리키는 열반에 들 때까지 인도 전역을 다니면서, 자기가 깨달은 것을 사람들에게 알렸다. 많은 사람이 부처의 말에 귀를 기울였다. 이 과정에서 불교가 태어났다.

불교는 인도 전역으로 급속도로 퍼져나갔다. 서양의 그리스도교가 로마제국의 길을 따라 뻗어나갔다면, 인도는 마우리아왕조의 세번째 왕으로서 인도를 최초로 통일한 아소카 왕이 불교를 신봉하면서 멀리 퍼져나갔다. 남쪽으로는 스리랑카로, 동쪽으로는 실크로드를 타고 중국까지 다다랐다.

소승불교와 대승불교, 홀로 탈 것인가 함께 탈 것인가

그런데 중국으로 들어간 불교는 인도와 다른 환경 때문에 변화를 겪어야 했다. 인도의 사문들이 집중해서 한 것과 유사한 고민을 중국에서는 이미 춘추시대의 제자백가가 마친 상태였다.

춘추시대는 공자를 필두로 하는 유가, 기술자 집단인 묵가, 법을 중시하는 법가 등 다양한 의견과 주장이 활발하게 토의된 시대였다. 이 춘추전국시대를 끝내며 중국을 통일한 진나라가 11년 만에 무너지면서 한나라가 새롭게 들어섰다. 한나라는 사회를 이끄는 기본 이념으로 유가를 택했다. 따라서 개인의 행복을 사회와 공동체 안에서 찾으려는 경향이 있었다. 그런데 인도에서 전해진 불교는 개인의 수행과 노력을 통해 행복에 이르는 방법을 내세웠다.

중국에는 "강남의 귤이 회수를 건너 강북으로 가면 탱자가 된다"라는 말이 있다. 주변 환경이 바뀌면 같은 것도 다른 모습으로 변한다는 뜻이다. 마찬가지로 불교 역시 중국이라는 환경 속에서 중국적인 모습으로 변화했다. 즉 개인의 수행보다는 공동체를 우선하는 불교로 변화해간 것이다. 이렇듯 인도에서 형성된 기존의 불교를 소승불교, 중국에서 변화한 불교를 대승불교라 부른다.

소승과 대승에서 승乘은 '타다'라는 뜻으로서, 차를 탄다는 의미의 '승차乘車'에도 쓰이는 한자다. 즉 소승은 적게 탄다는 뜻이고, 대승은 크게 탄다는 뜻이다. 비유하자면, 소승이 자가용을 타고 가는 것이라면 대승은 버스에 많은 사람을 태우고 가는 것이다. 대승은 홀로 수행해서 구원받는 것이 아니라, 보다 여러 사람이 함께 구원받고 행복해지자는 의미를 담고 있다.

중국과 인도의 불교가 달라진 또 다른 이유는 기후나 자연환경과 깊은 관계가 있다. 인도는 영하로 내려가는 때가 거의 없지만, 중국은 지역에 따라 영하 수십 도로 내려가기도 한다. 따라서 인도에서는 수행하는 승려가 매일 오전 마을을 돌며 탁발하고(음식을 얻어먹고) 나머지 시간에는 오로지 수행에 전념한다. 반면 중국의 경우, 겨울의 추운 날씨에는 탁발하기 힘들기에 음식을 저장할 필요가 있었다. 애니메이션으로 유명해진 정채봉의 동화『오세암』은 이런 계절적 차이를 잘 보여준다.

이런 환경으로 인해 인도에서는 승려들이 일하지 않았지만, 중국에서는 승려들도 일해야 한다는 생각이 굳어졌다. 우리나라는 중국에서 불교가 들어오기도 했을뿐더러, 추위가 혹독한 자연환경도 유사했기 때문에 대승불교가 한국 불교의 중심이 되었다.

실크로드를 따라 변화하는 불교의 여정

불교는 집 안보다는 집 바깥에서 큰 환영을 받았다. 오늘날 불교의 고향인 인도에서 불교는 큰 힘을 쓰지 못한

다. 현재 인도 국민 대부분은 힌두교 신자들이기 때문이다. 얼핏 이상하게 들리지만, 사정을 알고 보면 고개가 끄덕여진다.

앞에서 보았듯 고대 인도의 대표적 종교는 왕족과 귀족 중심의 브라만교였다. 여기에 반기를 들고 나타난 종교가 불교였다. 불교는 카스트제도라는 엄격한 신분제도를 중시했던 브라만교와 달리, 수행해서 깨달음을 얻으면 누구나 부처가 될 수 있다는 주장을 펼쳤다. 즉 신분의 고하가 따로 없다는 주장으로서, 불교에서 신분은 타고나기보다 살아가면서 노력에 따라 달라질 수 있었다.

그런데 시간이 흐르면서 브라만교의 반격이 시작되었다. 브라만교가 대중 중심의 힌두교로 탈바꿈하면서 많은 인도인이 과거부터 익숙했던 힌두교 신자가 되었다. 반면 불교는 인도에서 밀려났다. 인도 바깥으로 나간 불교의 한 갈래는 북쪽으로 향했다. 북쪽으로 올라간 불교는 엄청난 변화를 겪게 되었다.

인도에서 올라온 불교를 변화시킨 것은 엉뚱하게도 알렉산드로스의 군대였다. 그리스를 병합한 마케도니아의 왕 알렉산드로스는 군대를 거느리고 동쪽으로 진군해 오

늘날 파키스탄의 페샤와르 지역까지 이르렀다. 얼핏 알
렉산드로스의 군대와 불교는 아무런 상관관계가 없는 것
처럼 보인다. 그러나 둘의 만남은 불교에 큰 변화를 초래
했다.

그 변화를 보여주는 대표적인 것이 불상이었다. 이전까
지 인도의 불교는 따로 불상을 만들지 않았다. 그것은 신
상을 만들지 않았던 브라만교에서부터 이어진 인도 종교
의 전통과 관련이 깊다.

그런데 왜 갑자기 불상을 만들게 되었을까? 그 비밀의
문을 여는 열쇠는 그리스의 신상이다. 그리스에는 예부터
신상을 만들어 신전에 모시는 전통이 있었다. 이러한 전통
이 알렉산드로스의 군대를 따라온 것이다.

신상을 만드는 그리스의 전통과 인도에서 전해진 불교
의 교리가 만나서 태어난 것이 불상이었다. 그래서 처음
에 만들어진 불상은 그리스의 신상과 비슷한 옷을 입고 있
었다.

그런데 문제가 하나 발생했다. 불상은 만들었으나 불상
을 모실 장소가 없었다. 신들을 신전에 모신 그리스와는
달리, 인도에서는 사원을 만드는 전통이 없었다. 인도에서

불교 이전에는 종교가 귀족을 위한 것이었기에, 많은 사람이 모이는 사원을 만들지 않고 집 안에 신앙 공간을 만들었다. 반면 불교는 일반인을 위한 종교였지만 아직 절을 짓는 전통이 없었다.

그래서 궁리 끝에 나타난 것이 굴을 파서 그 안에 불상을 안치하는 방법이었다. 한때 이 지역에서는 이른바 석굴사원이 유행했다. 이 유행은 당시 동서를 잇는 교류의 고속도로였던 실크로드를 타고 중국을 지나 한반도까지 전해졌다. 지금도 경주 토함산에 오르면 만날 수 있는 석굴암이 바로 석굴사원이다. 석굴사원의 전통은 절이 세워지면서 사라졌다.

석굴암의 불상은 실크로드를 따라 파키스탄에서 중국을 거쳐 한반도로 전해진, 가장 아름답고 훌륭한 불상으로 꼽힌다.

그리스 신상 문화와 불교 문화의 결합을 보여주는
간다라 보살상(위쪽)과 석굴암 본존불상(아래쪽).
사진: 국립중앙박물관(위쪽), 문화재청(아래쪽)

2
『서유기』속 여러 종교의 다양한 얼굴

불교의 인과응보

『서유기』가 태어난 명나라는 유교와 불교, 도교라는 전통적인 종교가 서로 조화를 이루며 사회를 이끌었다. 이런 특징은『서유기』내에도 잘 투영되어 있다.

이들 가운데 불교는 인과에 따른 윤회라는 사상을 제시하면서, 탐욕에서 벗어나 생로병사의 두려움에서 벗어날 것을 주장했다. 이런 불교의 가르침은 물신숭배와 탐욕에 빠진 현대에 오히려 새롭게 조명되고 있다. 한편 도교는 사후 세계보다 현재의 행복을 추구하며 신체 건강과 불로장생을 도모한 종교로, 이 또한 오늘날 사람들이 건강을 중시하는 것과 맞닿아 있다. 공자의 가르침에서 유래한 유학을 종교화한 유교는 사회를 이끄는 지배 이념으로 사회 속에서 인간이 어떻게 살아야 하는지 제시했다. 즉 사회를 적절하게 유지하기 위해 충효와 같은 도덕적 질서와 규범을 강조했는데, 이 역시 현대에 소홀히 할 수 없는 것이다.

당나라 사회는 특정 종교가 주도하지 않았던 만큼 『서유기』에도 세 종교의 특성이 조화롭게 스며들어 있다. 물론 『서유기』의 탄생 배경은 당나라 승려 현장이 인도에 다녀온 데 있기 때문에 이 이야기에 가장 짙은 그림자를 드리운 것은 불교이다. 특히 인과응보, 즉 원인이 있으면 결과가 있게 마련이어서 선한 일을 하면 상을 받고 악한 일을 하면 벌을 받는다는 불교의 가르침이 『서유기』 전체를 관통한다.

인과응보는 전생에 어떻게 살았는가에 따라 현생이 결정되고, 현생이 다음 생을 결정한다는 윤회와도 깊이 관련된다. 인과응보나 윤회는 현재의 삶 동안 선하게, 남을 도우며 살 것을 강조한다. 이에 따르면, 만약 현생에 악하고 이기적으로 살면 다음 생에 짐승으로 태어날 수도 있다.

『서유기』 내에서 인과응보는 자주 등장한다. 당장 저팔계와 사오정만 해도, 전생에 죄를 지었기 때문에 하늘에서 쫓겨나 땅에서 요마로 다시 태어났다. 다만 이들은 현생에서 경전을 가져오는 고된 수행을 통해 다시 구원받게 되는데, 이 과정 자체가 인과응보에서 나온 것이다. 삼장법사도 석가여래의 제자였지만, 공부를 게을리한 까닭에 인간 세상에 태어나 14년에 걸쳐 10만 8천 리에 이르는 고된 여행을 해야 했다. 36~39회의 오계국 왕 또한 문수보살을 사흘간 물속에 가둔 벌로 훗날 3년 동안 물속에서 수난을 당해야 했다. 이처럼 이야기에서 인과응보의 사례는 끝없이 되풀이되어 나온다.

길고 고된 여행 끝에 손오공 일행은 목적지인 영취산에 도착한다. 손오공은 투전승불, 저팔계는 정단사자, 사오정은 금신나한, 삼장법사는 전단공덕불이 되었다. 이 또한 인과응보, 즉 고된 여정의 결과로 얻게 된 것이었다.

도교의 불로장생

도교는 불교와 함께 『서유기』를 이끌어가는 두 축이다.

즉 불교의 인과응보 사상이 이야기를 연쇄적으로 풀어가는 토대가 된다면, 이야기에 구체적으로 등장하는 요마나 신들은 도교에서 영향을 받았다.

도교는 윤회를 주장하는 불교와 달리, 현재를 행복하게 살고 싶다는 욕망에 기반한다. 다음 생에 잘 태어나기 위해서라기보다는, 현재를 잘 살기 위해서 수행한다. 이 점이 불교와 도교의 결정적인 차이이다.

도교의 최고 목적은 현재의 행복한 삶을 오래오래 누리는 것이다. 이때 핵심은 불로장생이다. 늙음과 죽음을 뛰어넘어 영원히 살고 싶은 마음이 모여 형성된 것이 도교라는 뜻이다. 도교 신자들은 불로장생을 위해서 몸과 마음을 수련하고 선약을 만들어내기도 하며, 궁극적으로는 신선이 되어 영원한 삶을 꿈꾸었다.

『서유기』에서 하늘에 사는 신들은 신선이 되어 불로장생을 이룬 존재들이었다. 이들은 반도원의 복숭아를 먹으며 영원한 삶을 누렸다. 옥황상제만 해도, 어려서부터 1,750겁(1겁은 12만 9,600년이다) 동안 고행한 끝에 최고의 자리에 오른 인물이었다. 손오공처럼 술법이 뛰어나다고 해서 하늘의 신선이 될 수 있는 건 아니다.

한편 땅 위에 사는 요마들의 욕망도 도교적이었다. 요마들은 삼장법사를 잡아먹으면 불로장생을 이룰 수 있다고 믿었기 때문에 목숨을 걸고 삼장법사를 노렸다. 불로장생을 꿈꾸는 것은 비단 인간뿐만 아니라 요마도 다를 것이 없었다.

유교의 충효 사상

『서유기』의 주요 종교는 불교와 도교이지만, 그렇다고 유교의 영향이 없지는 않다. 『서유기』의 배경은 당나라였는데, 중국은 한나라 이후 전통적으로 유학을 사회질서와 국가의 지배 이념으로 삼았다. 당나라도 예외는 아니었다.

유학의 가르침을 종교로 표현한 것이 유교였다. 유교는 춘추시대에 활약했던 공자의 가르침을 근원으로 삼았다. 공자는 불교에서 주장하는 다음 생이나 윤회, 도교에서 주장하는 불로장생보다는, 사람들이 함께 살아가는 사회와 공동체에 주목했다. 그는 어진 마음〔仁〕을 최고의 덕목으로 삼아 자기를 돌보고, 집안을 평온하게 하며, 이를 바탕으로 나라를 다스리면 궁극적으로 세상이 평화로워진다는 이른바 수신제가치국평천하修身齊家治國平天下를 꿈꾸었다. 이를 위해 꼭 필요한 덕목이 나라에 대한 충성과 부모에 대한 효도였다. 흔히 충효 사상이라고 부른다.

『서유기』에서도 이런 유교의 가르침을 엿볼 수 있다. 불교와 도교가 손오공과 요마로 대표되는 상상의 세계에서 주된 원리로 작용한다면, 유교는 현실 세계를 움직이는 힘으로 작용한다. 『서유기』에서 유교의 가르침이 잘 드러나는 대목은 삼장법사의 출생을 다루는 9~12회이다. 삼장법사의 아버지 진광예는 학문을 공부해 관리를 선발하는 과거에서 장원급제한 유생이었다. 이는 유학의 특징적인 가르침인 '입신양명'과 관계가 있다. 입신양명은 자기의 뜻을 확립하고 사회에 자기 이름을 드날리는 것, 즉 학문을 연마해 세상에 좋은 일을 한다는 의미였으나, 차츰 높은 자리에 오르는 출세를 나타내는 말로도 쓰였다. 이름을 날리고 출세하는 것은 집안을 일으킨다는 의미에서 효와도 이어진다.

한편 유교의 효와 관련된 인물로는 손오공을 꼽을 수 있다. 손오공은 삼장법사의 제자가 되면서, 하루 스승이면

평생 어버이로 모시겠다고 다짐한다. 비록 몇 차례씩 삼장 법사에게 파문당해 쫓겨나지만, 스승을 원망하지도 않고 한결같은 마음으로 섬기는 모습은 감동적이기까지 하다. 31회에서는 황포노괴에게 납치된 보상국 공주와 이야기 하던 중에 "아버지는 나를 낳아주시고 어머니는 나를 길러 주셨으니, [중략] 효란 백 가지 행실의 근원이요, 만 가지 선행의 뿌리"(4권, 33쪽)라며 유교의 가르침을 그대로 말 하는 대목도 있다.

효의 가르침은 요마들도 다르지 않았다. 42회에서 삼장 법사를 붙잡은 홍해아는 아버지 우마왕에게 편지를 보내, 삼장법사의 고기를 한 점만 먹어도 불로장생할 수 있지만 자기가 먼저 먹을 수 없어서 아버지를 초대해 함께 먹고 불 로장생을 누리자고 말한다. 간절한 효심이 전해지는 대목 이다.

한편 충을 잘 보여주는 인물은 삼장법사이다. 삼장법사 는 불교의 승려이지만 당 태종과 의형제를 맺은 사이였다. 그는 길을 떠나면서, 경전을 구해 폐하의 강산이 굳세게 보호받도록 하겠다고 다짐한다. 이후 여러 차례에 걸쳐 태 종을 생각하며 충성스러운 마음을 드러낸다.

3
여의봉과 긴고아, 자유와 구속

손을 맞잡은 자유와 구속

인간에게는 행복을 위해 필요한 것이 여럿 있다. 그 가운데 중요한 것 하나가 자유 아닐까 한다. 자유는 바깥의 구속이나 얽매임 없이 마음대로 할 수 있는 상태를 의미한다. 먹거나 자고 싶을 때 먹거나 잘 수 있는, 원하는 일을 돈이나 규칙에 얽매이지 않고 할 수 있는 권리가 자유이다.

자유를 잃으면 노예가 된다. 노예가 되면 다른 사람들과의 관계가 단절된다. 영어에서 자유로움을 뜻하는 free와 친구를 뜻하는 friend가 같은 어원에서 나왔다는 것은 흥미롭다. 자유로운 상태여야 친구를 사귈 수 있다. 친구가 모여서 사회가 되고 공동체를 이룬다.

그런데 세상은 내가 원한다고 해서 모든 것을 마음대로 할 수 없는 곳이다. 나의 자유가 소중한 만큼 타인의 자유도 소중하기 때문이다. 서로의 자유를 해치지 않고 자유롭기 위해 필요한 것이 사회질서이다. 질서는 정해진 규칙을 일컫는다. 규칙에는 지키지 않으면 비난이나 꾸지람 또는 벌을 받게 된다는 구속이 부여된다.

이렇게 자유와 구속은 동전의 앞면과 뒷면처럼 함께한다. 우리가 자유롭기 위해서는 규칙과 구속이 필요하다는 아이러니가 생겨난다. 이렇게 서로 양립할 수 없는 것들이 양립하려면 어떻게 해야 할까? 그 사례를 손오공에게서 살펴볼 수 있다. 자유와 구속은 『서유기』를 관통하는 주제 가운데 하나이자, 특히 주인공인 손오공에게 주어진 과제이다.

머리에는 긴고아, 손에는 여의봉

손오공은 여러 술법에도 뛰어나지만, 여의봉이라는 가

장 큰 무기를 지니고 있다. 여의봉은 자유롭게 늘어났다가 줄어드는 최강의 무기이다.

손오공이 여의봉을 얻은 곳은 용궁이다. 부하들에게 무기를 나눠 주고 자기만의 무기를 갖기 위해 용궁을 찾아갔다가, 태초에 땅을 다질 때 사용했다는 여의봉을 발견해 자기의 무기로 삼았다.

여의봉의 무게는 무려 1만 3,500근으로, 오늘날의 도량형으로 환산하면 8,100킬로그램이다. 그러나 손오공은 이처럼 무거운 여의봉을 마음껏 휘두를 수 있었다. 손오공은 평소 여의봉을 작게 만들어 귓속에 넣고 다녔다. 이렇게 무게가 엄청나고 마음대로 크기를 조절할 수 있었기 때문에 손오공이 하늘과 저승을 발칵 뒤집어놓을 때 유용하게 사용되었다. 그래서 여의봉은 손오공이 지닌 자유로운 성격을 상징한다. 손오공의 자유분방한 성격에 딱 맞는 무기인 것이다.

한편 손오공은 머리에 긴고아를 쓰고 있다. 석가여래는 관세음보살에게, 관세음보살은 다시 삼장법사에게 긴고아를 주어 이를 손오공의 머리에 씌워놓았다. 긴고아는 손오공이 제멋대로 행동할 때 유용하게 쓰인다. 관세음보살은 삼장법사에게 긴고주라는 주문을 알려준다. 삼장법사가 긴고주를 외면, 손오공의 머리에 씌워놓은 긴고아가 살속을 파고들어 손오공에게 엄청난 고통을 안겨주기 때문이다. 긴고아는 손오공의 자유를 억제하고 손오공을 구속하는 물건이다. 손오공이 제멋대로 행동할 때 그를 통제할 수 있는 것이 긴고아다.

손오공은 자유를 상징하는 여의봉과 구속을 상징하는 긴고아를 한 몸에 지니고 있다. 여의봉을 자유롭게 휘두르며 요마들과 싸우는 한편, 제멋대로 행동할 때는 긴고아로 통제받았다. 같은 맥락에서 근두운은 여의봉처럼 자유를, 석가여래에 의해 갇혀 있었던 오행산은 구속을 의미한다.

그런데 이는 사실 우리의 모습이기도 하다. 우리 역시 자유와 구속이 동시에 주어진다. 우리는 자유를 누리며 살아야 하지만, 한편으로 타인의 자유를 억압하거나 침해해서는 안 된다. 이 관점에서 긴고아는 인간의 문화화 과정을 설명하기도 한다. 우리는 세상에 태어나 사회와 문화를 배우며 성장한다. 언어나 관습을 배우지 않으면 사회에서 살아갈 수 없다. 그러나 무언가가 되는 것은 쉬운 일이 아니다. 단군신화에서 곰이 사람이 되기 위해 어두운 동굴에서

맛과 향이 독한 마늘과 쑥을 먹으면서 지내야 했던 것처럼, 어른이 되려면 많은 것을 배워야 한다. 이는 손오공이 모험 내내 많은 요마들과 힘들게 싸워야 했던 것과 닮았다.

손오공이 요마와의 고된 싸움을 끝내고 깨달음을 얻는 막바지에는 손오공의 머리에 씌워놓은 긴고아도 사라진다. 이는 자유롭게 행동하면서도 타인의 자유를 억압하거나 해치지 않는 훌륭한 사람이 되었음을 의미한다.

『서유기』에는 손오공과 유사한 사례가 더 나온다. 하나는 16~17회에 등장하는 흑풍괴이다. 사나운 바람으로 손오공 일행을 괴롭히던 흑풍괴 또한 관세음보살에 의해 머리에 금고아를 쓰게 된다. 그 후 흑풍괴는 선하게 변했다. 선한 존재가 된 흑풍괴는 낙가산을 지키는 수산대신이 되었다.

> "흑곰의 정령은 비로소 야심이 가라앉았으며, 하늘 무서운 줄 모르고 한없이 날뛰던 사나운 성품도 씻은 듯이 없어졌다."(2권, 269쪽)

42회에서 손오공 일행을 심하게 괴롭힌 홍해아도 관세

음보살이 씌운 테를 쓰고 선재동자로 변신했다. 아마 이들도 오랫동안 선한 마음을 유지하면, 손오공이 그랬던 것처럼 머리의 테가 사라지게 될 것이다.

우리도 머릿속에 씌워진 테가 사라지게끔 노력하고, 그를 통해 진정한 행복을 위한 자유를 얻어야 하지 않을까.

4
저팔계와 돼지를 둘러싼 문화

돼지와 문화 그리고 상징

　서쪽으로 경전을 찾으러 가는 일행 가운데 저팔계는 돼지의 모습을 하고 있다. 여기서 드는 한 가지 의문은 '왜 하필이면 돼지였을까' 하는 것이다. 최근 사람들이 가장 좋아하는 개나 힘세고 용감한 호랑이, 늑대도 아니고 왜 돼지였을까?

　저팔계는 돼지의 이미지처럼 먹을 것에 대한 욕심이 강하고 게을러서, 먼 길을 여행해 경전을 가져오는 일에 그다지 적합해 보이지 않는다. 다리가 짧고 몸통이 큰 돼지의 신체 구조는 멀리 여행하기에 불리하다. 사막을 횡단하는 낙타나 당나귀 같은 동물이 오히려 더 어울리지 않았을까?

왜 돼지였을까? 왜 손오공 일행에 돼지를 합류시킬 생각을 했을까? 답은 중국 문화에서 찾을 수 있다. 중국과 오랜 교류를 이어온 우리나라도 유사한데, 동아시아는 돼지에 대해 두 가지 상반되는 이미지를 공유한다. 먼저 부정적인 면에서, '돼지 같다'라는 말에는 더럽고 게으르며 탐욕스럽다는 뜻이 담겨 있다. 그래서 욕으로도 쓰이는 것이다. 이 말을 듣고 기분이 나쁘다면, 그 속에 녹아 있는 문화적 함의를 이해했다는 뜻이 된다.

그러나 돼지는 긍정적인 면도 많이 갖고 있다. 돼지꿈은 조상 꿈이나 용꿈과 함께 최고로 꼽히는 꿈이다. 자고 일어나서 곧바로 로또를 사러 가는 사람도 있을 만큼, 꿈에 나온 돼지는 경제적 풍요를 의미한다.

이뿐만 아니다. 회사를 창업하거나 가게를 개업할 때, 번창을 기원하는 고사상의 가장 중심에 놓이는 것은 돼지머리이다. 고사를 지낼 때 우리는 웃는 돼지머리에 절하고 술을 따른 다음, 콧구멍이나 입에 돈을 물려준다. 이런 행동은 우리 문화에서 돼지가 경제적 풍요의 상징임을 보여준다. 식당이나 집에 많이 걸려 있는 이른바 '이발소 그림'에서도 새끼들에게 젖을 물리는 돼지를 많이 볼 수 있다. 여기엔 새끼를 많이 낳는 돼지처럼 경제적 풍요와 행운이 찾아오기를 기원하는 뜻이 담겨 있다.

이렇게 돼지가 두 가지 상반된 이미지를 가진 이유는 무엇일까?

생활 속의 돼지 문화

우리나라에서 가장 많이 소비되는 육류는 돼지고기로, 닭고기나 소고기보다 돼지고기를 훨씬 많이 먹는다. 이는 중국도 다르지 않다. 우리나라보다 돼지고기 소비량이 더 많은 편이다. 돼지는 오랫동안 중국인들과 친밀함을 유지해왔다.

중국인들이 돼지를 얼마나 가깝게 느끼는지는 언어에서도 확인할 수 있다. 집을 의미하는 한자는 가家이다. 이 글자의 윗부분에 있는 宀은 지붕을 의미하고, 아래에 있는 豕는 돼지를 의미한다. 즉 집이란 말에는 돼지와 함께 한 지붕 아래에서 살아가는 곳이라는 의미가 담겨 있었다. 요즘처럼 개나 고양이가 아니라 돼지와 함께 사는 곳이 집이었다. 그래서인지 우리가 반려동물인 개와 고양이에게 이름을 붙여주는 것처럼, 중국에서는 돼지에게 이름을 붙여서 부르는 일이 많다.

또 하나 돼지와 문화의 관계에서 빼놓을 수 없는 것이 열두 띠이다. 지금도 많이 사용하는 열두 띠 가운데 돼지는 마지막을 장식하고 있다. 열두 띠를 쓰는 나라는 중국과 한국, 일본을 비롯해 태국, 베트남 등 동남아시아까지 널리 분포한다.

열두 띠는 하루를 12등분하고('십이지시'라 한다), 하루를 열두 시간씩 오전과 오후로 구분하며, 1년을 12개월로 나눈 것과 관련이 있다. 하루와 1년을 12로 나눈 것처럼, 삶을 12로 나눈 뒤 각각에 동물의 이름을 따서 붙인 것이 열두 띠이다. 열두 동물에 대해서는 어느 날 신이 동물들을 소집해서 도착한 순서대로 정했다는 이야기가 전해지는데, 아마도 동아시아인들이 가장 친근하거나 중요하게 여긴 열두 동물로 정했을 것이다.

열두 동물 가운데 실제로 볼 수 없는 동물이 하나 있는

데, 바로 용이다. 용은 이상적인 존재로 여겨진다. 반면 가장 현실적인 동물로 꼽히는 것이 돼지이다. 아마도 사람들과 가장 가까이에 사는 데다 먹을 것을 좋아해서일 것이다. 그렇다 보니 과거에는 용띠와 돼지띠를 결혼시키지 않았다고 한다. 달라도 너무 다른 사람들이라 잘 맞지 않는다고 생각했기 때문이다.

『서유기』에서 경전을 가지러 가는 일행에 왜 돼지가 끼어들었을까 하는 질문으로 돌아가보자. 가능한 대답 중 하나는 손오공의 유래와 밀접한 관련이 있다.

손오공이 어디서 유래했는지에 대한 논의는 아직 진행 중이다. 『서유기』가 소설의 형태를 갖춰나가는 동안 술법이 뛰어난 원숭이를 어떻게 상상해냈을까 하는 물음에 대한 분명한 답이 없다는 말이다. 여러 주장 가운데 가장 설득력 있는 것은 앞서 보았듯 『라마야나』에 나오는 하누만 장군이다. 오랜 시간 구전되어오다가 기원전 3세기에 편찬된 것으로 추정되는 『라마야나』에는 코살라왕국의 왕자 라마가 악마에게 납치된 아내 시타를 구하러 가는 내용이 담겨 있다. 이때 뛰어난 능력으로 라마를 도와주는 장군이 바로 하누만이었다.

흥미로운 것은, 하누만이 원숭이 장군이라는 점이다. 『라마야나』가 이미 중국에 전해져 있었으니, 하누만처럼 뛰어난 능력을 지닌 원숭이에 대한 상상력은 중국 내에서도 낯설지 않았을 것으로 보인다. 한편 『서유기』의 어머니라 할 수 있는 『대당서역기』도 애초에 인도 기행서라는 점에서, 손오공이 하누만의 영향을 받아 만들어졌다는 주장도 충분히 가능하다.

손오공은 인도 문화에서 유입된 존재처럼 보이기도 한다. 하지만 『서유기』는 중국에서 태어난 이야기였다. 그렇다면 가장 중국적인 동물인 돼지가 일행에 포함되더라도 전혀 이상할 것이 없다. 이런 연유로 인도적인 손오공과 중국적인 저팔계, 인도도 중국도 아니고 유래를 알 수 없는 사오정이 모여 다국적 일행이 만들어진 것이 아닐까?

돼지 사육과 종교적 금기

저팔계를 통해 돼지를 둘러싼 중국 문화를 살펴본 김에, 한 걸음 더 들어가 돼지에 관한 세계 문화를 살펴보자. 돼지가 언제부터 가축이 되었는지는 정확하게 알려진 바가 없다. 그러나 한 가지 분명한 점은, 다른 가축들보다 그 시기가 늦었다는 것이다.

돼지의 가축화가 늦은 가장 큰 이유는 먹이와 관련이 있다. 닭이나 소, 양 등 사람들이 많이 먹는 동물들은 주로 풀이나 벌레 등을 먹고 산다. 다시 말해 사람들이 먹지 않는 것을 먹으면서 사람들에게 단백질과 가죽, 노동력 등을 제공한다. 그런데 돼지는 나무 열매나 곡류 등을 주로 먹는 잡식동물이다. 즉 다른 동물과 달리, 돼지는 먹을거리를 두고 인간과 경쟁한다.

따라서 사람들이 먹을 것조차 부족하던 시절에는 돼지 사육도 어려웠을 것이다. 사람들이 먼저 먹고 남은 음식이 어느 정도 있어야 비로소 돼지 사육이 가능했을 테니, 다른 동물에 비해 늦게 가축화했을 것이라 추측할 수 있다. 게다가 돼지는 소처럼 농사를 지을 때 노동력을 제공하지도 않고, 소나 양처럼 젖이나 가죽을 제공하지도 않는다. 소나 양을 가축으로 키울 때의 장점이 돼지에게는 별로 없다.

돼지가 인간의 가축이 될 수 있었던 이유는 고기에 있다.

가죽이나 젖, 노동력 등 그 어느 것도 주지 않지만, 육즙이 부드럽고 지방이 많아 고기의 맛이 뛰어났기 때문에 돼지는 가축이 되었다. 아마 더 부드러운 고기를 얻으려는 인간의 선택으로 인해, 돼지도 고기가 부드러운 동물로 나날이 진화해왔을 것이다.

돼지 사육의 또 다른 문제로는 물이 있었다. 물은 농사뿐만 아니라 인류의 생활 전반에 꼭 필요하다. 그런데 돼지역시 물을 많이 소비하는 동물이다. 돼지가 습하고 그늘진곳을 좋아하는 것은 더위를 잘 견디지 못하기 때문이다. 땀을 배출해서 더위를 식히는 인간과 달리 돼지는 땀샘이많지 않아 땀을 많이 흘리지 못하는 데다(땀의 양이 사람의 약 3퍼센트 수준) 가죽이 두꺼워 더위에 매우 취약하다. 코끼리나 하마 등 가죽이 두꺼운 동물이 그렇듯 더울 때 물이 없으면 진흙에서 뒹굴고 그마저 없으면 자기의 분변 위에서라도 뒹구는 게 그 때문이다.

물이 많은 지역에서는 돼지를 키우더라도 크게 문제 될것이 없다. 그런데 물이 부족한 곳이라면 어떨까? 예를 들어, 사막과 초원으로 이루어진 중동 지역이라면?

잘 알려진 대로, 지구에는 돼지고기를 먹지 않는 사람들이 꽤 많다. 이슬람교도와 유대교도는 돼지고기를 먹지 않는다. 이들이 돼지고기를 먹지 않는 것은, 신이 금지했기 때문이다.

왜 이슬람교과 유대교의 신은 맛있는 돼지고기를 먹지 말라고 했을까? 그 이유는 바로 물이다. 두 종교는 중동 지역에서 태어났다. 잘 알려진 것처럼 이 지역은 물이 부족하다. 사람이 마실 물도 모자랄 판에, 돼지를 키우는 데 물을 쓰면 사람들의 생활이 더욱더 어려워질 것이다. 거기다 족장과 같은 권력자가 돼지고기를 좋아하기라도 하면, 힘 없는 사람들은 필연적으로 물 부족을 겪게 된다.

그래서 이슬람교와 유대교는 아예 경전인 쿠란과 성경에 신의 이름으로 돼지고기를 금했다. 특정 개인을 위해서가 아니라 모두 평안하게 살게 하기 위한 종교적 금기인 셈이다. 여기에는 돼지가 불결하거나 부정해서가 아니라, 돼지 사육으로 인해 사람들이 고통받지 않게 하려는 의미가 숨어 있다.

5
사오정과 삼장법사의 이미지 변화

일본 요괴 갓파와 사오정 시리즈

사오정은 목에 해골 목걸이를 걸고 손에는 항요보장을 든 건장한 체구의 인물이다. 항요보장은 무게가 무려 5,048근, 즉 3,028킬로그램이나 나가는 지팡이였다. 그것을 들고 다니기 위해서는 체구 또한 건장해야 했다.

사오정은 묵묵히 짐을 지키고 삼장법사를 보호하는 역할을 했기 때문에 『서유기』 내에서 비중이 그다지 높지 않았다. 중국에서 『서유기』를 소재로 한 영화나 드라마가 만들어져도 사오정은 별로 주목받지 못했다.

사오정이 주목받은 곳은 엉뚱하게도 일본이었다. 일본

에서 재해석된 『서유기』 속 사오정은 소설 『서유기』에서와는 크게 다른 이미지로 등장한다. 앞서 보았듯 사오정은 사납고 건장한 캐릭터이지만, 일본에서는 몸집이 작고 웃기게 생긴 겉모습에 초록색 모자를 쓰고 나타난다. 이런 모습은 일본의 요괴인 갓파河童를 연상시킨다. 갓파는 물속에 살며 몸집이 서너 살배기 어린아이와 비슷한, 일본의 가장 유명한 요괴 가운데 하나이다.

사오정이 갓파의 모습을 하게 된 것은 1930년대의 일이다. 사오정이 유사하의 요마라는 점에서, 사오정을 갓파와 연관지어 표현한 것으로 추정된다. 일본에서 사오정의 이미지가 갓파의 모습으로 굳어진 결정적 계기는 TV 드라마 〈서유기〉(니혼TV, 1978. 10. 1~1980. 5. 4)의 영향이 컸다. 큰 인기를 끈 이 드라마는 『서유기』를 대중적으로 각색한 것이었다. 조금씩 달라지기는 하지만, 그 후 제작된 여러 드라마에서 사오정은 갓파를 연상시키는 모습으로 표현된다.

이러한 사오정의 이미지는 고스란히 우리나라로 옮아왔다. 허영만의 연재만화 『날아라 슈퍼보드』에서도 사오정은 강 속에 사는 키 작은 녹색 요마로 표현되었다. 이는 일

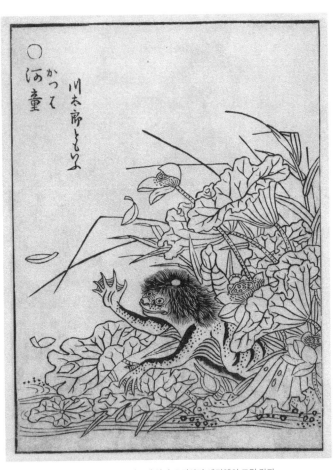

일본 에도시대의 우키요에 화가 도리야마 세키엔이 그린 갓파.

본의 갓파 이미지와 크게 다르지 않다. 이후 이 만화에서 몇몇 독립된 에피소드의 주인공으로 등장할 만큼 사오정이 우리나라에서 인기를 끌자 이 만화에서의 모습이 사오정의 일반적인 이미지로 굳어졌다.

더구나 『날아라 슈퍼보드』에서 사오정은 말귀를 잘 알아듣지 못해 엉뚱한 대답을 하는 덜떨어진 모습으로 나온다. 여기서 유래한 것이 '사오정 시리즈'였다. 예를 들어 사오정이 잠든 집에 강도가 침입해 사오정을 위협하며 '죽을 준비해라'라고 말하자, 사오정이 떨면서 '죽이 없는데 밥으로 하면 안 될까요?'라고 대답하는 식의 개그 시리즈이다.

사오정 시리즈는 서로 소통하지 않는 사회를 풍자하며 우리나라에서 한때 큰 인기를 끌었다. 특히 1997년 외환 위기 같은 사회적 대혼란 속에서 다른 사람의 말을 귀담아 듣지 않는 정치 지도자의 행태 등을 꼬집었다. 사오정은 외환 위기 이후 고용이 불안정해진 사회에서 '45세 정년'의 줄임말로도 쓰이며, 한 시대를 풍미한 말로 자리 잡았다.

여성으로 변한 삼장법사

　삼장법사의 삼장은 『경장』과 『법장』 『논장』에 정통한 승려를 가리킬 뿐만 아니라, 불경을 번역하는 승려라는 의미도 담고 있다. 그 점에서 삼장법사 하면 굳건한 신념과 현명한 이미지를 떠올리기 쉽지만, 『서유기』에서는 강한 손오공과 저팔계에게 밀려 우유부단하고 유약한 모습으로 변화했다.

　『서유기』를 소재로 한 일본 애니메이션으로는 〈별나라 손오공〉 〈드래곤볼〉 〈최유기〉 등이 있다. 그런데 이 중 〈별나라 손오공〉 〈드래곤볼〉에서는 삼장법사가 여성으로 나온다는 점이 흥미롭다. 〈별나라 손오공〉은 오로라 공주가 삼장법사의 역할을 하면서, 손오공과 우주여행을 하며 요마 대신 몬스터들과 싸운다. 〈드래곤볼〉에서 삼장법사의 역할을 맡은 것은 부르마라는 소녀로, 여기서도 삼장법사는 여성의 모습으로 묘사된다. 〈최유기〉에서도 삼장은 금발 미인이라는 소리를 들을 정도로 체격이 호리호리하다. 이들 애니메이션이 한국에서 방영되어 여성 삼장법사가 익숙해지면서, 『서유기』를 소재로 한 한국 학습 만화 『마법천자문』에서도 삼장법사는 여자아이로 등장한다.

그런데 여기서 한 가지 주목할 것은 여성성의 변화이다. 애니메이션에 등장하는 여성이 과거와 달리 유약하고 보호받아야 하는 존재가 아니라 적극적이고 활달한 현대적 여성의 모습으로 묘사되고 있다는 점이다. 실제로 〈별나라 손오공〉〈드래곤볼〉〈최유기〉에서도 그렇고, 『마법천자문』에서도 한복과 버선 차림에 댕기머리를 하고 있지만 오히려 손오공을 도와주는 뛰어난 실력을 지닌 소녀로 묘사된다.

이렇게 삼장법사의 이미지가 변화한 것은 『서유기』가 손오공 중심으로 바뀌면서 삼장법사가 상대적으로 약해졌기 때문이기도 하지만, 불교가 중국으로 유입되는 과정에서 여성성을 띠게 된 것과도 관련이 있다. 인도에서 중국으로 불교가 유입되었을 때 이미 중국에는 유교와 도교 등 기존의 종교가 깊이 뿌리내린 상태였다. 즉 유교와 도교는 사회를 지배하는 힘을 지니고 있었다. 따라서 불교가 중국에서 자리 잡기 위해서는 가부장제를 중심으로 하는 남성 중심의 사회에서 주변인으로서 새롭게 접근해야 했다. 이후 불교는 여성적 성격이 강한 종교로 중국과 한국,

일본에 뿌리내렸다.

이는 불상을 보면 쉽게 이해할 수 있다. 오늘날 중국과 한국의 불상을 보면 남성인지 여성인지 알기 힘들 정도로 부처의 모습이 부드럽고 둥근 여성적 특징을 갖고 있다. 턱에 수염을 그려 넣지 않았다면, 여성이라고 해도 이상할 것이 없어 보인다.

이런 이미지가 현대적으로 새롭게 각색된 『서유기』에 반영되었다고 볼 수 있다. 오늘날 여성성이 과거의 순종적인 모습에서 적극적이고 활달한 모습으로 변하면서 여성으로 그려진 삼장법사의 캐릭터가 재해석되는 것도 흥미로운 지점이다.

6장 깊이 읽다

상상은 현실을 토대로 하고 현실을 지향한다. 상상이 현실을 굳게 딛지 않으면 공상 또는 허상이 되고 만다. 『서유기』는 오랜 세월 축적된 거대한 상상력을 발판으로 삼고 있다. 여기서는 『서유기』에 펼쳐진 상상 세계에 대한 기본적인 이해를 돕기 위해, 상상과 관련된 여러 주제를 다룬다.

먼저 상상의 공간들부터 다룬다. 『서유기』에는 인류가 지금껏 상상해온 대부분의 공간이 등장한다. 바닷속 용궁이나 죽은 자의 세계인 저승, 요마들이 사는 동굴, 신들의 세계인 하늘 같은 곳이 그렇다. 또한 상상과 맞물려 의미를 만들어내는 상징, 문화, 이야기의 구조적 연관성과 더불어 기초적인 상상의 원리를 살펴볼 것이다.

이와 함께 현재까지 인류가 강렬한 매혹을 느껴온 상상의 대상인 저승과 죽음에 대해 『서유기』로 간단하게 풀어본다. 저승과 죽음은 워낙 방대한 영역이기에 『서유기』를 통해 잠깐 들여다보려는 것이다. 『서유기』에는 살아 있으면서 죽음의 공간인 저승에 다녀온 사람이 여럿 나온다. 그들을 길잡이 삼아 저승 여행도 경험할 수 있다. 특히 저승에 없는 호박을 전하기 위해 저승으로 배달한 유전의 이야기는 매우 흥미롭다.

마지막으로 지금까지의 논의를 토대로 『서유기』가 지닌 의미와 가치에 대해 살펴보고, 덧붙여 우리나라에 『서유기』가 미친 영향까지 더듬어본다. 무엇보다 『서유기』는 현대에 잘 맞는 이야기이다. 내면으로 깊이 들어가 사색하고 고민하던 근대와 달리, 현대는 활동적으로 다양한 세계와 만나는 것을 미덕으로 삼는 시대이다. 이런 시대정신과 『서유기』는 잘 어울린다. 실제로 『서유기』의 구조나 요소를 참고하거나 활용한 이야기도 많다. 특히 최근 인기를 끌고 있는 웹툰이나 애니메이션이 대표적이다. 이 장에서는 상상의 힘으로 『서유기』를 살펴본다.

1
현실과 상상 넘나들기

다른 공간, 다른 존재들

『서유기』에는 현실에 없는 이색적인 공간이 많이 등장한다. 물고기가 인간처럼 말하며 살아가는 용궁에서부터 죽은 사람들의 세계인 저승, 수행을 통해 불로장생의 경지에 오른 신선들이 사는 하늘, 손오공 일행의 최종 목적지이자 불교의 세계인 서쪽 영취산, 수많은 요마가 사는 동굴까지 다양하다.

이곳들은 오늘날 우리가 세계를 이 잡듯 뒤져도 찾을 수 없다. 그런데 『서유기』에서는 이 공간들에 대해 아무 설명도 하지 않는다. 용궁이며 저승이 어떻게 생겨났는지, 하늘에 어떻게 신들이 살게 되었는지 한마디도 나오지 않는다. 원래부터 바닷속에는 용궁이 있고 하늘에는 신들의 세계가 있으며, 동굴 속에는 요마들이 사는 양 나온다. 그렇다고 해서『서유기』가 태어난 과거에는 오늘날과 달리 용궁이나 저승이 있었던 것도 아닐 터이다. 공간만 보면 그때나 오늘날이나 크게 달라진 것이 없다.

그런데 용궁과 저승, 하늘이 아무렇지 않게 등장하는 것에 대해『서유기』의 독자들은 아무런 의심도 하지 않으며, 말도 안 된다고 항의하지 않는다. 이야기 속에 현실과 다른 공간이 자연스럽게 등장하듯, 이야기를 읽고 즐기는 사람들도 현실과 다른 공간을 자연스럽게 받아들인다. 왜일까?

이뿐만 아니다. 애초에 말하고 구름을 타는 원숭이 또한 존재하지 않는다. 요마나 하늘의 신들이나 마찬가지다. 애초에 독자들이 현실과 다른 공간을 받아들였기 때문에 손오공이나 요마, 용왕처럼 현실과 다른 공간에 사는 존재들 또한 자연스럽게 받아들인다. 이들은 이야기 속에서 숨 쉬며 살아가는 존재가 될 수 있었다.

『서유기』에 현실과 다른 공간, 현실과 다른 존재만 등장하지는 않는다. 리더 삼장법사나 당 태종 등 현실에 실제로 있거나 있을 법한 다양한 사람이 등장한다. 『서유기』의 무대가 되는 많은 곳 가운데에서도 실제로 있었거나 지금껏 있는 장소를 바꾸어 묘사한 곳이 있다. 예를 들어, 홍해아가 살던 불타는 화염산은 중국 신장웨이우얼자치구 투루판의 이름난 『서유기』 관광지이다. 이 화염산은 정말로 불타고 있지는 않지만, 지형이 『서유기』의 화염산을 충분히 연상시킨다. 그래서 『서유기』에서는 무서운 요마인 홍해아가 사는 공간으로 상상되었다. 실재하는 공간을 보고, 그곳에 요마가 산다고 상상해낸 것이다.

　『서유기』에는 현실과 상상이 뒤섞여 있다. 현실과 상상은 뫼비우스의 띠처럼 하나로 연결되어 있어서, 끊임없이 순환하며 우리가 누리고 사는 문화가 만들어졌다. 달리 말해 현실과 상상은 서로를 의지하고 떠받치며 공존해왔다. 그래서 『서유기』에서도 상상 세계의 요마와 현실 세계의 삼장법사가 함께 등장하는가 하면, 당나라의 수도 장안과 옥황상제의 하늘 궁전이 번갈아 나온다. 사실 이렇게 현실과 상상이 뒤섞여 있는 이야기가 『서유기』만은 아니어서, 수많은 애니메이션이나 동화, 영화, 소설 등에서도 자주 만나왔을 것이다.

『서유기』에는 인류가 상상해온 거의 대부분의 공간이 등장한다고 보아도 지나치지 않다. 그렇다면 하늘, 용궁, 저승 같은 상상의 공간들이 어떻게 우리의 현실 속에 들어오게 되었을까?

신화, 현실과 상상의 문을 여는 열쇠

이 의문을 풀 수 있는 열쇠는 신화에 있다. 우리에게 친숙한 단군신화나 그리스신화 같은 신화 말이다. 신화는 인류가 만들어낸 가장 오래된 정신적 결과물이다.

신화는 단순한 이야기가 아니다. 먼 옛날부터 인류는 세상과 인간을 이해하기 위해 끊임없이 고민하고 궁리했다. 그 고민과 궁리의 첫번째 결과물이 신화였다. 신화는 이후에 등장하는 철학이나 종교, 주술, 과학 등 세상과 인간을 이해하는 방식을 후손으로 낳은 어머니라고도 할 수 있다.

한편으로 신화는 모든 이야기의 어머니이기도 하다. 동화나 민담, 드라마나 영화에 이르기까지, 이야기의 형태를 지닌 모든 것은 신화로부터 나왔다. 그렇다고 신화가 최고라는 말은 아니다. 인류가 구축한 세계의 가장 밑바닥에 깔린 토대라는 뜻이다.

신화는 인류가 오랫동안 문명을 만들면서 활용했던 상상력과 깊은 연관이 있다. 만약 이 상상력이 없었다면 인류는 문명을 만들지 못했을 것이다.

한 가지 예를 들어보자. 비버는 집을 짓는 본능이 유전자에 새겨져 있기에, 집 짓는 학교에 다니지 않아도 집을 지을 줄 안다. 비버는 할아버지도 아들도 손자도 똑같은 집을 짓는다. 반면 인류는 집 짓는 유전자를 갖고 있지 않지만, 집에 대한 상상력이 있기에 작은 개집부터 거대한 피라미드나 높은 빌딩까지 세울 수 있었다. 100층에 이르는 거대한 빌딩은 기술의 발달에 의한 것이지만, 한편으로는 상상력이 있었기에 세워진 것이다. 엄밀히 말하면, 오히려 높은 건물에 대한 인류의 상상력이 있었기 때문에 과학기술을 통해 그 상상을 현실로 구현해낸 것이다.

그 상상력을 뒷받침한 것이 신화이다. 문화를 구성하고 의미를 담는 상징을 만들어내는 것이 이야기이기 때문이다. 예를 들어, 흔히 평화의 상징으로 비둘기를 꼽는다. 그런데 실제로 비둘기는 평화와 별로 관련 없는 동물이다.

심지어 우리나라의 경우, 보건복지부에서 유해 야생동물로 지정해놓은 상태이다. 어떻게 비둘기는 평화를 상징하는 동물이 되었을까? 잘 알려진 대로, 『구약성서』에는 대홍수 후에 물이 말랐는지를 알아보기 위해 노아가 비둘기를 방주 밖으로 날려 보내는 일화가 나온다. 평화의 상징은 여기에서 유래했다. 노아의 이야기에서 비둘기가 평화의 상징으로 인정받은 이후, 그리스도교 세계로 퍼져나갔다.

이렇게 상징을 저장하는 창고는 신화이며, 따라서 신화는 우리의 주제인 상상과 깊이 연관되어 있다. 상상은 아무 근거 없이 마구잡이로 해대는 것이 아니라, 신화를 통해 형성된 상징을 토대 삼아 논리적으로 이루어진다.

나누기, 잇기, 섞기: 상상의 세 가지 논리

그렇다면 상상의 논리는 무엇일까? 상상이 이야기와 밀접하게 관련되어 있다는 것은 앞에서 보았다. 왜 이야기일까? 이야기에는 이미지가 있기 때문이다. 상상의 정확한 의미는 이미지를 생각하는 것이다.

이미지는 어려운 것이 아니다. 이미지는 지각되는 것이어야 한다. 즉 보이거나 만져지거나 들릴 수 있어야 하고, 오감을 통해서 알 수 있어야 한다. 사랑이나 우정, 신념 등은 이미지가 아니다. 사랑을 떠올리려면 손가락 하트라든지 초콜릿 선물이라든지 오감을 통해서 알 수 있는 것이 필요해진다. 그렇다면 손가락 하트나 초콜릿 선물은 사랑의 상징이 된다. 이때 상상력은 사랑과 사랑을 상징하는 대상 사이에서 작동한다. 사랑을 표현하기 위해 고안된 이야기들을 통해서 이루어진다는 말이다.

그렇다면 상상은 어떤 논리로 이루어질까? 상상의 기본적인 논리는 세 가지이다. 나누기, 잇기, 섞기가 그것이다.

나누기는 나누어 생각해보는 것이다. 예를 들어, 하루를 밤과 낮으로 나눠보면 낮의 이미지와 밤의 이미지가 생겨나, 하루를 좀더 세밀하게 관찰하고 이해할 수 있다. 나누기의 상상력은 그 외에도 얼마든지 사례를 들 수 있다. 인간을 남자와 여자, 또는 피부색으로 나눌 수 있고, 세계를 하늘과 땅으로, 또는 동양과 서양으로도 나눌 수 있다.

잇기는 우리가 자주 하는 놀이인 끝말잇기처럼 앞과 맞물려 이어지는 것이다. 잇기 상상력은 주로 시간과 맞물려 이루어진다. 예를 들어, 조상에게서 부모가 태어나고 부모에게서 우리가 태어나는 과정은 시간의 흐름을 따른다. 이때 시간을 이으며 거슬러 올라감으로써 (과거에는 소중한 가치였던) 조상숭배 사상도 만들어진다. 이렇게 시간을 연속으로 보면(잇기) 부모나 조상의 위상, 또는 어떤 것의 기원 등을 생각하고 상상할 수 있게 된다.

섞기는 나누기와 달리 섞어보는 것이다. 예를 들어 무덤은 집과 죽음을 섞은 것이다. 섞기 상상력의 대표적인 사례는 음식이다. 음식을 만들 때 한 가지 재료만을 사용하는 경우는 드물다. 이런저런 재료를 섞어서, 하나의 재료가 내지 못하는 맛을 만들어낸다.

『서유기』속 많은 공간이 이런 상상의 논리에 따라 만들어졌다. 용궁과 저승, 하늘, 요마의 세계 등은 나누기 상상력으로 성립되었다. 세상을 육지와 바다, 이승과 저승, 하늘과 땅(동굴)으로 나누고, 각 공간을 인간 세계와 유사한 세계로 상상했다. 한편 바다 용궁에서 물고기와 사람이 뒤섞인 존재들이 살고, 메기에게 장군 같은 관직을 부여하며, 지상의 왕처럼 용왕이 있는 것은 섞기 상상력이 발휘된 결과다. 이는 저승이나 하늘이나 다를 것이 없다.

용궁과 저승, 하늘 등이 자연스럽게 이야기 속으로 들어오면서 그곳을 오갈 수 있는 탈것, 즉 손오공이 타고 다니는 근두운 따위가 필요해진다. 서로 다른 공간들과 인물들에게 개성을 부여하기 위해 술법과 초능력 등이 자연스러워진다. 현실에서는 도저히 일어날 수 없는, 원숭이가 말을 하고 술법을 부리는 일도 가능해진다. 또 손오공이 이야기 속에 들어오면서, 손오공과 짝이 되는 요마들도 이야기 속에 들어올 수 있게 된다.

손오공과 요마라는 짝이 생겨나는 데 중심이 되는 것은 사실적인 인물인 삼장법사이다. 한쪽은 삼장법사를 지키려 하고, 다른 한쪽은 삼장법사를 잡아먹으려 하는 구도가 만들어진다. 즉 실존 인물인 삼장법사를 매개로 해서 상상의 존재인 손오공과 요마들이 생겨난다는 말이다. 달리 말하자면, 상상이란 현실을 토대로 해야 한다는 뜻이다. 현실과 완전히 동떨어진 상상은 공상이 된다.

상상력을 키우기 위해서는 현실을 잘 알아야 한다. 흔히 아는 만큼 보인다는 말을 하는데, 달리 표현하면 아는 만큼 상상할 수 있다. 우리는 모르는 것을 상상할 수 없기 때문이다.

2
영원을 향한 끝없는 욕망

죽음, 넘을 수 없는 거대한 벽

인류가 오랫동안 갈망하고 간절히 원한 것 가운데 하나는 영원히 죽지 않거나, 설령 죽더라도 오래 사는 것이었다. 잘 알려진 것처럼 진시황은 늙지 않게 해준다는 약초인 불로초를 찾아 헤맸고, 중동에서 기록으로 전승된 가장 오래된 신화인 『길가메시 서사시』에서도 우루크의 왕 길가메시는 죽지 않는 비밀을 찾아 오랫동안 힘든 여행을 했다. 그렇지만 인간은 죽을 수밖에 없다는 것을 확인했을 뿐이다. 실제로 오랜 인류의 역사에서 늙지 않고 죽지 않은 사람은 아무도 없다.

독일 철학자 카를 야스퍼스는 인류에게 죽음이란 '한계상황'이라고 지적했다. 한계상황은 도저히 극복할 수도, 뛰어넘을 수도 없는 거대한 장벽으로 해석할 수 있다. 그러나 인류는 이 거대한 장벽 앞에서도 포기하지 않았다. 끝없이 영원에 대한 욕망을 간직했다.

　이렇게 영원히 살고 싶다는 욕망과 희망이, 죽은 다음에도 이어지는 영원한 세계를 만들었다. 인류는 이 현실 세계에서는 죽음을 맞이하겠지만 저세상에서는 영원히 살 수 있다는 기대를 품게 되었다. 다른 한편으로는 현실 세계 내에도 죽지 않고 영원히 사는 세계를 상상해냈다.

　이처럼 인류는 늘 죽음을 의식하며 삶을 살았다. 죽지 않고 영원히 사는 세계에 대한 동경이 인류 문화를 이끌어왔다고 해도 지나친 말이 아니다. 한마디로 '죽음이 삶을 지배해왔다'라고도 할 수 있다. 그 논리는 이러하다.

　사람은 죽을 수밖에 없다. 그런데 저세상에서는 영원히 살 수 있다. 하지만 영원한 삶을 결정하는 것은 이 세상에서의 삶이다. 이 세상에서 어떻게 살았는가, 즉 착하고 도덕적으로 살았는가에 따라 저세상에서 영생의 행복을 얻을 수도, 얻지 못할 수도 있다. 그러므로 이 세상에서 착하고 도덕적으로 살아야 한다.

이런 논리에서 죽음이 삶을 지배해왔다고 말한 것이다. 우리의 문화는 이 논리를 토대로 구축되어 발전해왔다. 과학이 크게 발달하고 상대적으로 종교가 위축된 오늘날에는 이러한 논리가 약해졌으나, 이미 오랜 세월 형성된 문화의 그림자가 여전히 우리 머리 위에 넓게 드리워져 있다. 인류가 죽지 않고 영원히 살 수 있게 된다면 이 그림자는 사라지겠지만, 과연 그런 날이 올지 의문이다. 적어도 우리가 살아 있는 동안에는 그 그림자 밑에서 살아가야 한다.

영원히 살고 싶다는 욕망은 『서유기』 곳곳에서 그 짙은 향기를 맡을 수 있다. 돌의 정기를 받고 태어난 손오공부터 신선술을 익혀서 하늘에 오른 신선들, 영원한 삶을 꿈꾸며 삼장법사의 몸을 노리는 요마들까지, 삶의 궁극적인 목적은 영원한 삶에 있는 것처럼 보인다.

죽음을 뛰어넘은 손오공

『서유기』의 주인공인 손오공은 죽지 않는다. 당연히 주인공이어서 죽지 않는 것이겠지만, 이야기 안에서 죽을 수 없는 존재가 되었기 때문이기도 하다. 손오공은 많은 요마처럼 영원한 생명을 욕망하지 않았지만, 오히려 죽음 자체를 무시함으로써 죽음에서 벗어났다. 그래서 손오공과 죽음은 어디에서도 찾아보기 힘든 매우 흥미로운 내용을 담고 있다.

수보리 조사에게서 술법을 배운 손오공은 용궁으로 가서 여의봉을 비롯한 무기를 빼앗은 뒤 제멋대로 살고 있었다. 그때 손오공을 향해 소리도 형체도 없이 몰래 찾아온 것이 있었다. 바로 죽음이었다. 손오공은 자는 동안 영문도 모르고 저승사자의 손에 붙들려 저승으로 끌려갔다. 잠에서 깬 손오공은 자기가 죽었으며 저승에 와 있다는 것을 깨달았다. 그러자 손오공은 분노했다.

우리는 죽음 앞에서 겸손해진다. 죽음은 뛰어넘을 수 없는 거대한 장벽이기 때문이다. 다시 삶으로 돌아갈 수 없다는 사실을 받아들이면서 우리는 죽음에 굴복하게 된다.

그런데 신화에서는 죽음의 세계로부터 돌아오는 경우가 있다. 크게 두 가지인데, 하나는 착각과 오해로 죽은 경우이다. 저승사자가 이름을 혼동해서 엉뚱한 사람을 잡아 오거나 하면 다시 이승으로 돌려보내진다.

절에는 죽음을 관장하는 지장보살이 자리한 지장전(또는 명부전)이 있다. 지장보살은 죽은 사람을 저승으로 편안하게 안내하는 불교의 신이다. 그런데 지장보살 옆에는 머리를 깎은 도명이라는 승려가 서 있다. 도명은 저승에 다녀온 사람이었다. 저승사자가 착각해 동명이인인 그를 저승으로 데려가는 바람에, 그는 죽었다가 다시 살아났다. 저승으로 가는 길을 알기에, 그는 지장보살의 옆자리를 차지하게 되었다.

저승에서 돌아올 수 있는 또 하나의 방법은 저승의 신들을 속이는 것이다. 그리스신화에 나오는 시시포스는 저승으로 끌려갔지만 살아 돌아왔다. 시시포스는 자기가 죽더라도 가족들에게 장례를 치르지 말라고 죽기 전에 명령을 내렸다. 아무리 기다려도 시시포스의 장례식이 거행되지 않자 저승의 신들이 시시포스에게 그 까닭을 물었다. 시시포스는 자기가 직접 가서 장례를 치르라 말하고 돌아오겠다고 했다. 저승의 신들은 시시포스에게 속아서 그를 이승으로 돌려보냈지만, 이승으로 돌아온 시시포스는 저승으로 돌아가지 않은 채 계속 살았다. 죽음의 신들이 여러 차례 시시포스를 방문했으나, 그때마다 시시포스가 만든 함정에 빠져서 그를 데려가지 못했다. 시시포스는 훗날 다시 한번 죽어서, 신들을 속이고 모욕한 죄로 영원한 형벌을 받게 된다.

이렇게 동서양의 신화와 종교에는 저승에서 살아 돌아온 사람들이 있지만, 이들 역시 끝내 죽음을 피하지는 못했다. 그런데 『서유기』의 손오공은 저승에서 뜻밖의 반응을 보인다. 손오공은 크게 화를 내고, 그것도 모자라 여의봉을 휘둘러 저승을 쑥대밭으로 만든다. 더욱 가관인 것은, 이미 죽은 손오공에게 저승의 신들이 쩔쩔매는 장면이다. 죽은 자들을 지배하는 저승의 신들은 손오공을 당해내지 못하고, 땅 위에 존재하는 모든 생물의 수명이 적힌 생사부를 손오공에게 넘긴다.

죽은 손오공은 생사부에서 자기의 이름뿐만 아니라 많은 원숭이와 의형제를 맺은 요마들의 이름까지 지워버렸다. 삶과 죽음을 초월한 존재가 되고 만 것이다.

죽지 않는 신들의 음식

신들과 인간의 가장 큰 차이를 꼽는다면 죽음이다. 인간은 죽어야 하지만, 신들은 죽지 않고 영원히 산다. 사실 죽음을 제외하면 신들과 인간의 차이는 별로 없다. 신들 또한 화내고 질투하며 인간이 하는 모든 일을 저지른다. 이는 『서유기』나 그리스신화나 다를 것이 없다. 오히려 신들이 더 흉악한 범죄를 저지르기도 한다.

그런데 신들은 어떻게 영원한 생명을 얻었을까? 죽지 않는 비결은 무엇일까? 그 힌트를 『서유기』의 수많은 요마들에게서 찾을 수 있다.

요마들의 목적은 손오공 일행과 싸우는 것이 아니다. 이들의 목표는 단 하나, 삼장법사이다. 손오공과 저팔계, 사오정, 용마가 여정에 함께한 것도 요마들로부터 삼장법사를 지키고 보호하기 위해서였다. 요마들이 줄기차게 삼장법사를 납치한 것은, 삼장법사를 잡아먹으면 영원히 살 수 있다는 소문이 퍼졌기 때문이다. 영원한 삶에 대한 욕망은 비단 인간뿐만 아니라 요마들도 강했다.

먹는다는 것은 문화적으로 하나가 되는 것을 의미한다.

한국어에서 식구라는 말은 함께 밥을 먹는 사람들을 가리킨다. 즉 밥을 함께 먹는 사람들이 가족이라는 뜻이다. 또 어느 고대 원주민들이 용맹하게 싸우다가 죽은 적의 시체 일부를 먹은 것은 배를 채우기 위해서가 아니라, 그 속에 깃든 용맹함을 갖기 위해서였다. 이렇게 식인은 먹음으로써 하나가 되기 위한 행위였다.

요마들은 삼장법사를 잡아먹어서 영원한 생명을 얻으려 했다. 영원한 생명까지는 아니더라도, 우리 역시 생명을 유지하려면 음식을 먹어야 한다. 아마 이 점에 비추어, 고대 인류는 신들이 죽지 않고 영원히 사는 비결이 특별한 음식을 먹는 데 있으리라 생각한 듯하다. 사람들이 음식을 먹어 생명을 유지하듯, 신들 또한 음식을 통해 영원한 생명을 유지했으리라는 것이다.

그렇다면 영원한 생명을 누리게 해주는 신들의 음식은 무엇일까? 음식은 크게 동물성과 식물성으로 나눌 수 있다. 대표적인 동물성 음식은 고기나 생선이다. 그런데 우리가 동물성 음식을 먹는다는 것은, 우리가 살기 위해 살아 있는 동물을 죽여야 한다는 역설을 담고 있다. 즉 생명을 위한 죽음이라는 역설이다.

인류가 죽음을 받아들인 것은, 인류 자신이 죽음을 먹고 산다는 깨달음을 얻었기 때문이기도 하다. 동물을 죽였다는 죄책감 때문에 인류도 죽음을 순순히 받아들였을 것이다. 이런 의미에서 동물성 음식은 신들의 음식이 될 수 없다. 신들이 동물성 음식을 먹는다면, 신들 또한 죽지 않는다는 논리가 깨지고 말 것이었다. 죽어서 얻은 음식을 먹은 존재는 논리적으로 반드시 죽어야 한다. 그래서인지 우리에게 알려진 신들의 음식에는 동물성 음식이 없다. 심지어 인간들이 동물을 죽여서 제사를 지낼 때도 고기는 인간이 먹고, 신들은 그 냄새만 맡았다.

『서유기』에서 신들의 대표적인 음식은 복숭아였다. 복숭아가 자라는 곳은 하늘의 반도원이었다. 하늘로 올라간 손오공이 반도원을 관리하는 일을 맡으면서 반도원은 『서유기』에 상세하게 묘사된다. 5회에는 반도원에 대해 손오공이 묻자 토지신이 대답하는 장면이 있다.

"모두 3,600그루가 있습니다. 앞쪽에 심어진 1,200그루는 꽃도 열매도 작아서 3천 년마다 한 번씩 익는데, 사람이 그것을 먹으면 선인이 되어서 몸이 튼튼하고 가볍게 됩니다. 중간에 심어진 1,200그루는 겹꽃이 피고 열매가 무척 단데, 6천 년 만에 한 번씩 익습니다. 사람이 그 열매를 먹으면 안개를 타고 날아다닐 수 있으며 불로장생하게 됩니다. 가장 안쪽에 심어진 1,200그루는 열매 껍질에 자줏빛 무늬가 있고 또 그 씨앗도 연한 담황 빛깔을 띠고 있는데, 9천 년 만에 한 번씩 익습니다. 사람이 그 열매를 먹으면 그 수명이 천지일월과 같아질 수 있습니다.”(1권, 159쪽)

이 대답 안에는 영원한 생명에 대한 많은 힌트가 숨어 있다. 토지신에 따르면, 앞쪽의 복숭아를 먹으면 건강해지고 둘째 줄의 복숭아를 먹으면 불로장생하며, 셋째 줄의 복숭아를 먹으면 해와 달처럼 오래 살 수 있다. 즉 반도원에 있는 복숭아를 먹으면 죽지 않고 영원히 살 수 있다는 말이다. 이렇게 동양에서 신들의 최고 음식으로 꼽히는 것이 복숭아였다.

복숭아 하면 떠오르는 또 하나의 단어가 바로 낙원이나 천국을 뜻하는 무릉도원이다. 무릉도원을 그대로 풀이하면 무릉의 복숭아 숲이다. 중국에서 최고의 시인으로 꼽히는 도연명의 『도화원기』에는 이런 내용이 있다.

무릉에 사는 어부가 어느 날 물고기를 잡으러 계곡 깊이 들어갔다. 그러다 그만 길을 잃고 말았다. 어부는 하는 수 없이 계곡을 따라 올라갔다. 한참을 올라가다 보니 양쪽 물가에 복숭아 숲이 있었다. 꽃들은 허공에 화려하게 날리고, 달콤한 향기가 가득했다.

어부는 황홀함을 느끼며 계속 올라갔다. 계곡의 끝자락에 작은 산이 하나 있었고, 물이 흘러나오는 곳에 작은 동굴이 하나 있었다. 동굴 속에서 나오는 희미한 빛을 좇아 어부는 동굴 안으로 들어가보았다.

동굴을 지나자 눈앞에 넓은 땅이 나타났다. 그곳에는 잘 손질된 논밭과 숲이 아름답게 펼쳐져 있었다. 어부는 그곳에서 융숭한 대접을 받고 돌아왔는데, 훗날 다시 찾으려 해도 찾을 수 없었다.

이후 동양에서는 아름답고 평화로운 유토피아의 대명사로 무릉도원이 꼽혔다. 이렇듯 복숭아는 동양에서 생명과 건강을 유지하는 대표적인 신들의 음식으로 인정받고 있다.

한편, 북유럽신화에서는 청춘의 여신 이둔이 나누어 주

는 청춘의 사과를 동양의 복숭아에 견줄 수 있다. 실제로 이둔이 신들의 적인 서리 거인에게 납치되자, 청춘의 사과를 먹지 못한 신들이 나날이 늙어 힘을 잃어갔다는 이야기가 있다. 북유럽신화에서도 신들이 영원히 사는 힘은 청춘의 사과에서 나온다.

　그 외에도 신들이 즐겨 먹은 음식으로는 벌꿀술이 있다. 음료도 신들의 중요한 음식이었다. 그리스신화에는 신들의 음료로 넥타르가 나온다. 인도 신화에도 신들과 악마들이 함께 만든 불사의 음료가 나오는데, 이 음료를 서로 마시겠다며 신들과 악마들이 다툰다. 여기서도 영원한 생명을 위한 음료가 등장한다는 점에서 그리스신화와 상통한다.

저승으로 호박을 전달한 유전

　『서유기』에는 손오공 외에도 저승에 갔다가 다시 살아 돌아온 인물이 더 있다. 살아 있는 것은 죽을 수밖에 없고, 죽은 다음에는 다시 돌아올 수 없다. 죽음이란 너무나 당연하니만큼, 사람들의 관심을 더욱더 끄는 것은 손오공처럼 죽어서 저승에 갔다가 이승으로 다시 돌아온 이야기이다. 손오공이야 무시무시한 술법과 여의봉으로 시왕들을 제압하고 저승에서 버젓이 살아 돌아올 수 있었다지만, 그만한 능력도 없고 요마나 신이 아닌 사람이 저승에서 돌아왔다면 매우 흥미로울 것이다.

저승에서 살아 돌아온 사람 중에는 『서유기』의 시대적 배경인 당나라의 최고 권력자, 태종도 있다. 당 태종이 저승에 가게 된 것은 수명이 끝나서가 아니라 재판을 받기 위해서였다. 당 태종을 고소한 것은 경하의 용왕이었다. 저승을 다스리는 시왕 가운데 진광왕의 말을 인용해본다.

> "경하 용왕의 귀신이 고소하기를, 폐하께서 목숨을 구해주겠노라 언약하시고도 오히려 그와는 반대로 목숨을 해쳤다는데, 어찌 된 일이오니까?"(2권, 24쪽)

무슨 일이 있어도 태종과 삼자대면해야겠다며 경하 용왕이 고소했기에, 시왕은 당 태종을 저승으로 부를 수밖에 없었다.

당 태종의 저승 나들이 에피소드에는 저승에 다녀온 사람이 하나 더 있다. 당 태종이 저승에서 받은 환대에 감사하며, 선물을 주겠다고 말한 것이 발단이었다. 저승의 심판관들인 시왕은 저승에 호박이 없다며 호박을 원했다. 그런데 문제는 전달 방법이었다. 택배로 보낼 수도 없고 우편으로 보낼 수도 없었다. 저승으로 호박을 보내려면 누군가 호박을 갖고 죽어야 했다. 당 태종은 저승으로 호박을 가져갈 사람을 모집했다. 이에 응한 사람이 유전이라는 부자였다.

유전이 저승으로 가려 한 데는 이유가 있었다. 얼마 전 아내 이취련과 사소한 말다툼을 벌이다가 아내가 스스로 목숨을 끊었기 때문이다. 유전은 아내를 만나기 위해 많은 재산과 아이들을 포기한 채 저승으로 가겠다고 나섰다.

저승의 시왕은 호박을 받고 무척 기뻐했다. 그는 유전의 아내를 만나게 해주었다. 그런데 곤란한 일이 발생했다. 생사부를 보니 유전은 수명이 오래 남아서 아무 문제가 없었다. 반면 아내의 경우는 죽은 지 꽤 지나, 영혼이 돌아갈 몸이 이미 썩어 없었다.

궁리 끝에 저승의 시왕은 곧 수명을 다하는 당 태종의 누이 옥영 공주의 몸에 유전 아내의 영혼을 싣기로 했다. 옥영 공주는 잠시 죽었다가 곧 다시 살아났다. 유전 아내의 영혼이 옥영 공주의 몸속에 들어간 것이었다. 몸은 옥영 공주이나 영혼은 유전의 아내였기에, 궁궐에서는 한바탕 소동이 벌어졌다. 하지만 이미 저승에 다녀온 당 태종은 곧바로 상황을 이해했다. 그는 공주를 시집보내듯 화려하게 치장한 그녀를 유전에게 보냈다. 유전은 사랑하는 아내를 만나러 저승에 갔다가 황제의 누이를 아내로 맞이하는 행운을 누리게 된 셈이다.

유전의 고사에서 흥미로운 것은 '나'를 무엇으로 규정할 수 있는가 하는 물음이다. 유전이 새롭게 맞이한 아내는 이취련의 영혼(또는 정신)과 옥영 공주의 몸으로 이루어진 존재이다. 그녀는 이취련인가, 옥영 공주인가? 『서유기』는 이취련의 정체성을 인정한다는 점에서 영혼이 '나'의 본질임을 암시하지만, 새롭게 시집보낸다는 점에서는 옥영 공주의 존재도 무시하지 않는다. 즉 『서유기』는 육체와 정신의 이원론에 빠지지 않는다. 앞으로 AI와 사이보그의 시대가 찾아온다면, '나'의 정체성은 어디서 찾아야 할까?

3
『반지의 제왕』 vs 『서유기』

손오공은 왜 단숨에 경전을 찾아오지 않았나

『서유기』를 읽은 사람들이 흔히 하는 질문이 있다. 손오공에게는 단숨에 10만 8천 리를 날 수 있는 근두운이 있었다. 그러니 여차하면 영취산으로 휙 날아가 경전을 가져올 수도 있었다. 아니면 애초에 관세음보살이 직접 경전을 삼장법사나 당 태종에게 줘도 되었을 것이다. 오죽하면 『서유기』내에서도 다음과 같은 손오공의 넋두리가 나올 지경이다.

"이 모두가 우리 부처 여래께서 극락세계에 편안히 앉

아 계시면서, 아무것도 하릴없이 그저 『삼장경』이나 뒤적거리고 계신 탓이다! 만약 중생들에게 착한 행실을 권하실 마음이 진정 있었다면, 마땅히 그것을 동녘 땅으로 보내주시면 그만 아닌가?"(8권, 267쪽)

왜 손오공 일행은 그토록 끊임없이 요마들과 싸우는 번거롭고 고된 여행을 해야 했을까? 손오공이나 관세음보살이 불경을 가져왔다면, 손오공이 삼장법사에게 대들거나 저팔계가 끝없이 배고프다고 투덜거릴 일도 없었을 것이다. 수많은 요마가 삼장법사를 잡아먹으려 애쓸 일도 없었을 것이다. 애초에 요마들은 착한 일을 하지는 않았지만 나름대로 평화롭게 살고 있었다. 이들의 평화를 깨뜨린 것은 오히려 삼장법사였다. 삼장법사를 잡아먹으면 영원히 살 수 있다는 소문이 요마들 사이에 퍼지면서 요마들의 숨겨진 욕망이 밖으로 튀어나왔다. 이들은 눈에 불을 켜고 삼장법사를 차지하려 들었다. 그 탓에 여행은 고난의 연속이었다.

이에 대해서는 숨어 있던 요마들을 불러내어 한꺼번에 해치울 목적이었다는 논리를 내세울 수도 있다. 그러나 여기에는 무리가 따른다. 첫째로, 손오공 일행에게는 요마들을 가볍게 제압하고 소탕할 수 있는 힘이 없었다. 이들은 요마들과 싸우는 과정에서 번번이 하늘의 신들이나 관세음보살의 도움을 받아야 했다. 조력자들이 없었다면 삼장법사는 얼마 못 가 요마의 배 속으로 들어갔을 것이다.

이 논리에는 또 다른 문제가 있었다. 요마 소탕이 여행의 목표였다면, 삼장법사는 요마 낚시의 향기로운 미끼가 된 셈이다. 즉 신들이 요마들을 낚으려 삼장법사를 이용했다는 말이 되고 만다. 실제로 곳곳에 숨어 살던 요마들이 삼장법사를 잡아먹겠다고 나타났다는 점에서, 삼장법사는 거부하기 힘든 달콤한 미끼 역할을 한 것처럼 보인다. 그러나 이는 결과를 보고 나서 생각해낸 논리에 불과하다.

중요한 것은 목적이다. 손오공 일행이 경전을 가지러 서쪽으로 간 것은 요마들을 소탕하기 위해서가 아니었다. 불교의 경전을 가지러 가기 위해서였다. 경전을 가지러 가는 일은 신성한 일이다. 그리고 그것은 개인의 영광이나 쾌락과는 거리가 먼, 많은 사람의 행복과 평화를 위한 것이었다.

이를 단적으로 보여주는 것이 『서유기』 57~58회의 가짜 손오공 소동이다. 손오공이 사람들의 물건을 약탈하는 강도를 홧김에 때려죽이자 삼장법사는 크게 분노했다. 그의 화가 가라앉을 때까지 손오공은 하는 수 없이 관세음보살과 함께 지내야 했다. 그 틈을 타서 육이미후가 손오공으로 변장해 삼장법사 앞에 나타났다. 그런데 이 원숭이 요마는 다른 요마들과 큰 차이점이 있었다. 육이미후는 삼장법사를 잡아먹어 영생불사를 할 뜻은 없고, 단숨에 날아가 경전을 가져오고 싶어 했다.

육이미후는 삼장법사를 때려눕히고(그러나 잡아먹지는 않고) 짐을 빼앗은 다음, 자기가 서쪽으로 가서 석가여래를 만나 경전을 가져올 것이며 자기 이름이 만대에 전해질 것이라 외친다. 많은 사람의 행복과 평화를 구하는 영광을 독차지해서, 자기 이름만 드높이겠다는 심사였다.

가짜 손오공 소동은 다양하게 해석될 수 있지만 두 손오공, 즉 진짜와 가짜 손오공을 하나로 볼 수 있는 여지 또한 소설 『서유기』에 있다. 어차피 육이미후가 손오공으로 변신한 이상, 불경을 가져온다 해도 그건 모두 손오공의 공로가 된다. 이런 이유에서 육이미후라는 가짜 원숭이가 정말로 존재한다기보다는, 손오공의 다른 마음이 밖으로 드러났다고 말할 수도 있다.

> "그대들은 다 같이 일심이라 하나, 저기 보아라, 두
> 마음이 서로 다투면서 달려오고 있지 않느냐?"(6권,
> 273~274쪽)

손오공에게는 고되더라도 일행과 함께 경전을 가지고 오려는 마음과, 단번에 경전을 가져오고 싶다는 상반된 마음이 공존한다는 뜻이다. 이렇듯 서로 다른 마음이 재앙을 일으킨다고 『서유기』는 말한다.

가짜 손오공 소동이 일어난 시점은 이미 여행이 꽤 진행된 때였다. 그동안 고난을 겪으면서, 힘들게 요마들과 싸우지 않고 쉽게 여행을 끝내고 싶다는 생각이 손오공의 마음속에서 고개를 들 법도 하다. 왜 이런 고생을 계속해야 하는가? 그냥 휙 날아가서 경전을 가져오면 되지 않을까? 요마들과 싸우는 것도 지겹다! 이런 생각들이 손오공의 마음속에 있지 않았을까? 그렇다면 손오공이 육이미후를 물리침으로써, 여행을 끝내고 싶다는 마음이 일으킨 갈등을 잠재우고 모험에 대한 의지를 새롭게 다졌다고도 볼 수 있다.

이 과정은 아이가 되었건 어른이 되었건, 또는 손오공이 되었건 마음이 커지고 성장하는 계기가 된다. 위기라는 말에 위험과 기회가 합쳐져 있듯, 위험을 극복하면 기회가 찾아오고 마음속 갈등을 풀어내면 성장하게 된다. 이런 과정들이 되풀이되면서 손오공은 부처(깨달은 자)가 되는 길에 점점 가까워진다.

가짜 손오공 소동은 비단 손오공뿐만 아니라 우리의 마음이 어떻게 커지고 성장하는지에 대한 이야기이기도 하다. 서양 판타지 소설의 고전으로 인정받는 『반지의 제왕』과 비교해보면 이는 훨씬 더 명확해진다.

『반지의 제왕』, 현대의 신화

1954~1955년 출간되어 인기를 끌고, 2001년부터는 피터 잭슨 감독에 의해 영화화되어 세계적으로 엄청난 화제를 불러일으킨 J. R. R. 톨킨의 『반지의 제왕』은 『서유기』와 여러모로 유사하다. 두 이야기는 형태와 주제가 닮았는데, 일단 『반지의 제왕』의 줄거리를 간단히 살펴보자.

『반지의 제왕』은 악의 제왕 사우론이 가운데땅을 지배하기 위해 만든 절대반지가 가운데땅 종족들의 공격을 받아 사라졌다가, 우연히 호빗족인 빌보 배긴스의 손에 들어가는 것으로 시작된다. 절대적 힘이 담긴 사악한 절대반지를 없애기 위해 난쟁이와 요정, 마법사, 인간 등이 반지 원정대를 결성한다. 반지 원정대는 도중에 여러 고난을 겪다 흩어지게 되고, 반지를 운반하는 주인공 프로도는 절대반지의 유혹에 시달리며 갈등을 겪는다. 한편 반지 원정대가 흩어진 이후에도 이들은 사나운 오크 군단을 비롯해 끊임없이 밀려드는 사우론의 여러 부하와 목숨을 걸고 싸워야 했다. 절대반지를 호시탐탐 노리는, 반지의 노예가 된 골룸도 빼놓을 수 없다.

가운데땅을 지배하려는 악의 제왕 사우론의 음모를 막기 위한 이들의 목숨을 건 기나긴 전쟁은, 프로도와 그의 충실한 하인 샘이 결국 절대반지를 파괴하면서 막을 내린다. 이로써 가운데땅은 평화를 맞이한다.

『서유기』와 비교해보면, 먼저 손오공 일행과 반지 원정대가 짝을 이룬다. 또한 요마나 사우론의 군대와 끊임없이 싸운다는 점, 결정적으로 인류의 평화와 행복을 그 목적으로 삼고 있다는 점에서 둘은 매우 유사하다. 좀더 구체적으로, 『서유기』의 가짜 손오공 에피소드는 반지 원정대에서 프로도가 절대반지의 유혹에 시달리는 것과 유사하다. 그런가 하면 절대반지의 노예가 되어 프로도를 따라다니는 골룸은 삼장법사를 잡아먹기 위해 달려드는 요마들과 성격이 유사하다. 또한 반지 원정대를 모으고 이들이 위기에 처할 때마다 도움을 주는 마법사 간달프의 역할은 『서유기』의 관세음보살과 같다. 애초에 관세음보살이 서쪽으로 갈 일행을 대기시키고 삼장법사의 출현을 기다린 점이나, 손오공 일행이 곤경에 처할 때마다 도움의 손길을 내민다는 점이 그렇다.

따라서 『반지의 제왕』에도 앞에서 우리가 품은 의문을 그대로 적용할 수 있다. 뛰어난 마법사인 간달프가 그를 돕는 독수리들을 타고 단번에 날아가 절대반지를 용암 속에 던져 파괴할 수 있지 않았을까? 왜 굳이 간달프는 프로도를 비롯해 호빗, 난쟁이, 요정, 인간 등 다양한 종족으로 구성된 반지 원정대를 만들고 사나운 오크 군단과 싸우게 했을까? 물론 『서유기』에서 손오공이 근두운을 타고 경전을 가져오거나 관세음보살이 그냥 경전을 가져다주었다

면,『반지의 제왕』에서 간달프가 독수리를 타고 가서 절대
반지를 없앴다면 매혹적인 두 이야기는 존재하지 않았을
것이다.

그렇다면 굳이 이야기를 만들기 위해 손오공 일행과 반
지 원정대를 고난 속으로 몰아넣었을까? 과연 이야기를
재미있게 만들기 위해서였을까?

인간이 가야 할 길을 묻다

물론 단번에 관세음보살이 경전을 가져다주거나 간달프
가 절대반지를 파괴했다면, 손오공 일행이나 반지 원정대
는 만들어지지 않았을 것이다. 그러나 경전을 가져와야 하
는 목적과 절대반지를 파괴해야 하는 목적을 생각해보면,
단지 이야기에 재미를 더하자고 손오공 일행이나 반지 원
정대를 결성하지는 않았음을 알게 된다.

손오공 일행과 반지 원정대는 사람들이 살아가는 사회
와 공동체의 평화를 목적으로 한다는 점에서 다르지 않다.
그런데 사회와 공동체의 평화는 그냥 주어지는 것이 아니

다. 그 안에 속해 있는 사람들이 애쓰고 노력하지 않으면 얻을 수 없다.

남을 돕고 사는 일같이 사회에서 좋다고 인정받는 가치들은 오랫동안 인류가 경험 속에서 찾아낸 것들이다. 인류가 살아남기 위해 가장 중요한 덕목은 동물처럼 날카로운 발톱이나 이빨을 갖는 것이 아니라 서로 돕는 것임을 오랜 경험을 통해 터득했기 때문에, 인류는 지구에서 가장 강한 생물이 되었다.

인간은 개인일 때 여느 동물보다 강하지 않다. 7백만 년 전 침팬지와 갈라진 고대 인류는 오랫동안 맹수들에게 쫓기고, 거친 자연의 파괴적인 힘 앞에서 생명의 위험을 겪으며 어떻게 생존할지를 고민했을 것이다. 그 고민의 결과로 인간은 사회와 공동체를 만들어냈고, 강한 힘을 가진 생물이 되었다. 남을 돕는 것의 가치는 이렇듯 생존의 위기 속에서 생겨난 것이다. 이렇듯 우리가 좋다고 여기는 가치는 모두 위기 속에서 구체화되었다. 위기를 어떻게 극복할지 궁리하고, 어떻게 함께 뛰어넘을지를 노력하는 과정에서 만들어졌다.

우리가 앞에 닥친 어려운 일을 극복하고 나면 가슴속에

자신감이 가득 차는 것도 이런 이유 때문이다. 자기만의 개인적 가치가 생기기 때문이다. 자기 자신을 극복해낸 사람을 사람들이 존경하는 이유도 그가 지닌 아름다운 가치에 있다.

이를 『서유기』와 『반지의 제왕』에 적용해보면, 끊임없이 이어지는 고난은 새로운 가치를 만들어내기 위한 과정임을 쉽게 이해할 수 있다. 그저 관세음보살이나 간달프에 의해 주어지는 것이 아니라 우리에게 그 고난을 극복해내는 과정을 보여주면서 평화로운 세상에 대한 희망을 어떻게 키우고 만들어야 하는지를 보여주기 위함일 것이다.

4

한국에 드리워진 『서유기』의 짙은 그림자

한반도에 언제 처음 『서유기』가 전해졌는지는 정확하게 알려진 바가 없다. 다만 고려 시대의 중국어 교과서였던 『박통사』에 『서유기』 이야기가 일부 실려 있었다는 기록을 보건대, 고려 시대에 유입되었으리라 추정된다. 하지만 현재 『박통사』는 전하지 않아서, 조선 시대에 편찬된 『박통사언해』를 추정의 근거로 삼는다. 게다가 고려 시대는 소설 『서유기』가 나오기 전이었다. 『박통사언해』엔 『서유기』에 관한 이야기, 소설 『서유기』 44회 차지국 일화가 실려 있다.

이후 명나라에서 소설 『서유기』가 출간되면서, 이미 『박통사언해』 등을 통해 『서유기』를 접한 조선의 여러 지식인이 소설 『서유기』를 찾아 읽었다. 허균은 『서유기』를 읽고 이런 말을 남겼다.

> 나는 이 책을 버리지 않고 특별히 간직하여 도를 수련하는 과정에서 틈날 때마다 이 책을 읽으면서 잠을 쫓는다.[*]

『성소부부고』 13권 「서유록 발」에서 허균은 여러 중국 소설을 평가한다. 그는 소설들을 열거하면서 앞뒤가 들어 맞지 않고 졸렬하다거나 거칠다는 평가를 한 뒤,『수호전』은 속임수가 교묘해서 교훈을 주기 부족하다고 지적한다. 반면『서유기』는 자세한 내용 소개와 함께, 서사가 지루하다는 단점이 있으나 이치에 따른 것이어서 버릴 수 없고 공부하거나 수련할 때 읽으며 졸음을 몰아낸다고 평가했다. 이런 평가를 보면, 허균이 쓴 것으로 알려진『홍길동전』에도 영향을 미쳤을 것이라 짐작된다.

허균 외에도 조선의 지식인들은『서유기』를 단순히 시간을 보내기 위한 책, 중국어 교본, 새로운 문체로 충격을

[*]　허균, 「서유록 발」, 『성소부부고 3』, 민족문화추진회 옮김, 한국학술정보, 2006, 124쪽.

주는 책, 불교와 도교에 편향된 백해무익한 책 등 다양한 평가를 내렸다. 이는 그만큼 조선의 여러 지식인이『서유기』를 읽었다는 의미이다. 그렇다 해도『서유기』가 한자로 쓰인 이상, 한자를 모르는 대중들은 접근하기 힘들었다.

　『서유기』가 대중들과 본격적으로 만난 것은 일제강점기를 지나 해방 이후의 일이었다. 그것도 청소년 대상의 만화 형태였다. 1965년 11월부터 어린이 잡지『새소년』에 연재된 이정문의『설인 알파칸』(1965. 11~1971. 8)은『서유기』를 현대적으로 각색한 작품이다. 천문학자인 신경준 박사와 그의 아들 준이, 그리고 숙이가 히말라야에서 설인 알파칸을 만나게 된다. 알파칸은 기계 인간으로, 이들은 힘을 합쳐 세계 정복을 꿈꾸는 뜨베르 박사를 물리친다.

　『설인 알파칸』의 주인공 준이는 귀가 큰 원숭이의 모습을 하여 손오공을 연상하게 한다. 준이와 숙이가 계속 나타나는 악의 무리와 싸움을 벌이며 여행한다는 점에서『서유기』의 구조를 따르고 있음을 확인할 수 있다.

　그 뒤를 이은 것이 만화가 고우영이다. 고우영은 만화『서유기』를 새로운 모습으로 그려냈다. 손오공은 구름 대신 제트기를 타고 다니며, 사오정은 서양인을 닮아 영어를 쓴다. 당시 유행가와 현대적 물건을 그려 넣기도 했다.

고우영의 만화가 성인을 대상으로 했다면, 어린이와 청소년을 대상으로 한 만화는 허영만의 『미스터 손』이었다. 1부 『미스터 손』의 연재가 끝나고, 뒤이어 2부 『날아라 슈퍼보드』가 연재되었다. 특히 『날아라 슈퍼보드』는 1990년대에 애니메이션으로 제작되어 엄청난 인기를 끌었다. 여기서 손오공은 근두운 대신에 보드를 타고, 여의봉 대신에 쌍절곤을 무기로 삼는다. 또 저팔계는 검은 선글라스를 끼고 바주카포를 매며, 오토바이를 타고 다닌다. 삼장법사는 승려의 옷차림을 하고 있으나 용마 대신에 벤츠를 탄다.

『날아라 슈퍼보드』에서 특히 큰 인기를 끈 것은 그동안 존재감이 거의 없었던 사오정이었다. 사오정은 보라색 몸에 귀를 덮는 모자를 쓴 채, 남의 이야기를 잘 알아듣지 못하고 엉뚱한 소리를 하는 인물로 나온다.

『날아라 슈퍼보드』 이후에도 여러 차례 『서유기』를 소재로 한 만화가 나왔지만, 『날아라 슈퍼보드』의 인기를 넘어선 작품은 아직 없다. 다만 『서유기』를 토대로 한 한자 학습 만화 『마법천자문』은 엄청난 베스트셀러를 기록할 정도로 큰 인기를 끌고 있다.

에필로그

　이제『서유기, 모험의 시작』의 문을 닫아야 할 때이다. 언제까지고 그 너른 이야기의 세계에서 놀 수 있을 것만 같은데, 함께 어울려 흥겹게 놀던 친구들이 돌연 사라진 듯 허전하다.

　『서유기』 속에서 놀기란 즐거운 일이지만,『서유기』 이해하기는『열반경』의 적절한 비유처럼 '눈 감고 코끼리를 만지는 것'과 유사하다고 생각한다.『서유기』의 세계가 워낙 넓고 깊어서, 일부만으로 전체를 이해하려 들면 편견이나 엉뚱한 해석을 내놓을 가능성이 크기 때문이다. 그러나『서유기』가 오랫동안 우리 곁에 가까이 있었음에도 함께 가벼운 마음으로 이 이야기를 흥미롭게 논의하는 시도가 별로 없었다는 점이, 위험을 무릅쓰고 이 책을 쓴 계기였다. 지금껏 전문 연구는 꽤 이루어지고 성과도 있었으나, 누구나 쉽게『서유기』의 깊은 세계로 들어갈 수 있는 작은 문을 하나 내면 좋겠다고 생각했다.

그래서 기존 성과를 토대로 다양한 시선에서『서유기』 안팎의 여러 모습을 제시해보려 했다. 밖으로는『대당서역기』부터 소설『서유기』에 이르는 역사는 물론이고 오늘날 웹툰이나 애니메이션에서 보이는 소설『서유기』의 구조적 영향까지 다루었다. 그런가 하면 안으로는 등장인물을 비롯해 상상력의 토대가 된 종교들, 더 나아가 상상력의 작동 원리도 살펴보았다. 그럼에도, 욕심 때문인지는 모르겠으나 아쉬움이 한가득 남았다.

『서유기』의 마지막 장면은 매우 인상적이다. 서쪽으로 가며 온갖 모험 끝에 그토록 바라던 경전을 갖고 돌아와 큰 환영을 받은 일행은, 각자 과거의 허물을 벗고 새로운 존재로 탈바꿈한다. 삼장법사는 전단공덕불, 손오공은 투전승불이 되었다. 둘은 이름대로 깨달은 자(부처)가 된 것이다. 저팔계는 제단을 정리하는 정단사자가 되어 제단에 오른 제물을 마음껏(돼지처럼) 차지할 수 있게 되었다. 사오정은 몸이 금빛으로 빛나는 나한(깨달음을 얻은 성자)인 금신나한이 되었으며, 용마 역시 금빛 비늘이 반짝이는 늠름한 팔부천룡이 되었다.

기나긴 여행, 열정으로 뜨거웠던 모험이 끝나고 나면 사람이 바뀐다. 평소에는 그렇게 바뀌지 않던 사람이 강렬한 체험과 경험을 통해 바뀐다. 여행이나 모험은 그 체험과 경험의 최고봉이다. 손오공 일행이 새로운 모습과 신분을 얻는 것도 어쩌면 당연하다.

특히 손오공은 그를 구속하던 긴고아에서 벗어난다. 앞에서도 지적했듯 긴고아는 삶의 구속을 의미한다. 그런데 긴고아는 우리의 머리에도 겹겹이 씌워져 있다. 편견이나 혐오와 같은 긴고아가 그것이다.

『서유기』의 진짜 마지막 장면은 손오공 일행의 탈바꿈 후에 전개된다. 많은 사람이 한자리에 모여 합장하고 염불을 외는 모습이다. 이는 『서유기』의 '진짜' 주인공은 손오공 일행이 아니라 바로 우리임을 알려준다. 그리고 『서유기』를 읽은 사람이 체험과 모험을 통해 새로운 존재가 될 차례임을 가리킨다. 이제 당신이 책을 덮고, 새로운 삶의 여정을 떠날 차례라는 말이다.